趣味力

秋元 康
akimoto yasushi

生活人新書
064

NHK出版

【構成】　海部京子
【イラスト】　北谷しげひさ

はじめに

「趣味は仕事です」と、ずっと、言い続けて来た。

実際、趣味を仕事にしてしまったような所があるし、仕事以外に夢中になれることがなかった。

四〇歳を過ぎた頃だろうか？

自分の生き方に疑問を持った。

それは、今までの人生に対する疑問というより、これからの人生に対する問いかけのようなものだった。

——僕には仕事しかないのだろうか？

いや、正確には、この仕事しかできないのか？　という問いかけに近かったと思う。

他にもできることを見つけたかった。

やり残したことがあるような気持ちのまま、数年が過ぎた。

ある日、知り合いから貰った陶器を眺めているうちに、ふと、こういうものを作ってみたいと思った。

三〇年前、高校生だった僕が、ラジオを聞いているうちに、ふと、「ラジオの台本を書いてみたい」という衝動に駆られたのと同じ興奮を覚えた。

幸い、NHKの「趣味悠々」という番組で陶芸を教えて貰えることになった。

「趣味は仕事と陶芸です」と言えるようになった。

趣味とは〝自分探し〟である。

自分ができることの可能性を探ることである。

僕は思った。

仕事以外で、僕にもできることがあったと……。

もちろん、〝僕にもできる〟と言っても、その腕前は、まだまだ初心者である。

しかし、仕事以外で、時間を割いてもいいと思える道が見つかったのは嬉しい。

僕にとって大きな収穫だ。

今とは違う道を歩く力、もうひとつの人生を生きる力、趣味力が、残りの人生を豊かなものにする。

秋元　康

趣味力●もくじ

第二章　男を強くするこだわりと偏り 53

第三章　僕は趣味のギャンブルから人生を学んだ 93

第四章　趣味探しとは自分の価値観探しである　127

第五章　趣味は人生だ　165

第一章

今日した仕事に「初めて」はあったか

初めてのことを始めてみないか

年をとるということは、どういうことなのだろう。

そう思うと、加速度を増して「初めてのこと」がなくなっていく事実に気づかされる。

年をとるにつれて、さまざまな経験を積み重ねるということは、初めての経験がなくなっていくということでもある。初めてニューヨークに行った、初めて選挙に行った、初めてフグを食べた……。今の僕にとっては、そういった「初めて」をどれだけ捕まえられるかが人生の課題といっていいかもしれない。

では、どうすれば「初めて」を捕まえられるのだろうか？

ふと思ったのは、僕にはとくに趣味がないので何かできたらいいなということだった。

現在、四六歳。だんだん、人からものを教えていただく機会が少なくなってきた。だから、自分がまるで知らないことを、ゼロから習ってみたくなった。そして、何がいいだろうと考えたときに、陶芸がいいと思いついたのである。

初めてのことに直面すると、誰だってドキドキする。人間、初めてのことを始めるときは、ワクワクする。後述するが、僕はこれまで仕事に関わらない時間はまったくないというほどに、仕事に没頭してきた。

そんな僕にとって、趣味を持つことも、陶芸を習うのも初めてのこと。とくにこの年になって、人からものを教わることが「こんなに刺激的なことなのか！」と再発見したような気がしている。

もしかしたら初めてのことを始めるというのは、包丁を研ぐようなものなのかもしれない。ずっと同じ包丁を使っていると、必ず同じ部分が磨耗して、切れ味が悪くなる。人生も同じように、単調な人生を送っていると、感性が鈍ってくる。だから、磨耗した包丁を研ぐように、初めてのことを始めて、感覚を研ぎ澄ませる。すると、ルーティンワークになっていた日常が新鮮に見えてくるのだ。

僕も陶芸を教わって、すべてが新鮮な体験だ。子どもの頃に粘土で遊んだ記憶はあるけれど、「土って触るとこんなにひんやりしていたのか」という感覚が蘇ってくる。

あるいは、遅れられない時間。仕事とはまた違って、先生を待たせてはいけない、遅刻してはいけないと思って、学生のように早起きして出かけて行く。

教わっているときは、先生の指示にしたがって、ドキドキしながら粘土を成形していく。ところが、自分の思い通りにできない。やわらかくて、べたべたした土が、思うように形にならない。そうしたこと、すべてが刺激的で脳を活性化するのである。

人は年をとると、仕事でも何でもそうだが、思い通りにできることを選ぶようになるのではないだろうか。

僕くらいの年齢になると、勝算のあることしかやりたがらないし、楽なほうへと流れていきがちになる。たとえば、僕より上の年代の男性は、会社にパソコンが導入されても、いきなりパソコンに向かおうとは思わないのではないか。

しかし、そうやって思い通りになることしか選択しないようになると、感覚が麻痺して、刺激がなくなっていく。年をとるごとに、自分が楽にできることばかり選ぶようになると、確実に心も頭も錆びついていく。

この年になって、思い通りにならないことに出会うのは、むしろすごく新鮮なのである。陶芸をやっているときは、うまくできなければ先生が的確に教えてくれる。粘土が思い通りにならなくても、教わることによって、少しずつ形になっていく。「教わるということは、なんて楽しいのだろう！」となんだか得した気分になる。

だから、日常に追われて「毎日、同じ繰り返しだな」と感じている人がいたら、趣味を始めることをぜひおすすめしたい。「だんだんドキドキワクワクすることがなくなってきたな」という人にこそ「初めてのことを始めてはいかがですか」と言いたい。

なかには、「趣味なんかやっている時間はない」という仕事人間もいるかもしれない。そういう仕事中毒の人には「では、仕事の中に初めてのことがありますか」と問いたい。仕事で成績を上げげて、実績を出していくのが楽しいにしても「どこかに初めてのことはありますか」と聞きたい。

年をとると「初めて」がなくなる。だから、初めてのことを始めよう。これが僕と同じ年代のすべての人たちに、いちばん伝えたいことなのだ。

僕には仕事で「初めて」がたくさんあった

振り返ってみれば、僕の仕事の経歴は「初めて」の連続だった。

僕は高校時代から放送作家として仕事をしてきた。やがて作詞家となり、映画監督も経験して、新聞や雑誌にエッセイを書く仕事もしている。

僕の場合、仕事をするうえで「初めて」がたくさんあったのである。初めて映画を撮る、初めて小説を書く、初めてコマーシャルを制作する、初めて舞台をプロデュースするなど「初めて」がいっぱいあった。

つまり、エンターテインメントという仕事の世界ではほとんどのことをやってきたから、仕事の外の世界に初めての「初めて」を求めた。それが陶芸だった。

仕事で初めてのことがほとんどなく、たとえば作詞なら作詞しかしていなければ、余暇にいろいろな趣味にチャレンジしていたかもしれない。けれども、仕事で「初めて」に次から次へと挑戦していたので、いわゆる趣味に目が向かなかった。

僕がなぜ仕事で「初めて」がたくさんあったかというと、若い頃から、放送作家の先輩たちを見ていて、「この人たちに追いつき、追い抜くにはどうすればいいか」と常に考えていたからだ。

それは先輩の誰が嫌いだとか、競争が好きということではない。そうではなく、先輩と同じことをしていたら、先輩の後を追いかけるだけになってしまう。このままでは永遠に追い抜くことはできないし、将来が見えていると思ったのだ。

たとえば、川があって、丸太が二本流れているところを想像していただきたい。後から流れている丸太は、前を流れている丸太を絶対に抜くことはできない。僕はそのまま流されていたら、先輩に追いつくことも、追い抜くこともできないのである。

これは僕らの業界だけでなく、サラリーマンの世界でも同様ではないだろうか。

前を流れる丸太が岩に引っかかったりしない限り、つまり先に入社した人が左遷されるとか病気になるとかがない限り、後から入社した人は、先に入社した人を抜いて昇進していく可能性は考えにくい。先に入社した人を抜くには、何か違うこと、何か初めてのことをやらなければいけないのだ。

それでは、先に流れている丸太を抜くにはどうすればいいか。このまま同じように川を流れていても、永遠に抜くことはできないのである。ならば、自分の丸太をいったん川から出せばいい。川から出して、川の流れより速く運ぶということをすればいい。

もちろん、先に流れている丸太を抜くのは大変だし、不安もある。丸太を川から引っ張りあげている間に、先輩の丸太はどんどん流れていくのだから。しかし、そこは勇気をもって川から出し、丸太をトラックに乗せて、川のスピードより速く走ってしまえばよいのである。

企業でも、異例の抜擢をされたり、異例の出世をする人がいる。異例の抜擢をされた人は、必ず先に流れている丸太を抜く何かをしているはずだ。おそらく、これまでとは違う新しいチャレンジをしているのだ。

放送作家としてスタートした僕にとっては、それが作詞だった。

同じ川をただ流れていては、前の丸太を追い抜けない

僕は二〇代の頃、いつも年齢を考えていた。高校生で放送作家になって、まわりは大人ばかり。三〇歳の放送作家の先輩がいたとしたら、その先輩を見て、自分は三〇歳になったとき、どこにいるのだろうと考えていた。

放送作家としてどんな仕事をして、どんな位置にいるのだろうか？　そう考えたとき、今、三〇歳の先輩のここなのかと思うと、この人とは違うことをやらないと、予定調和の仕

事人生になってしまうと思っていた。

だとしたら、このままテレビやラジオの仕事だけを続けていくよりは、全然違うこと、作詞をやってみようと考えるようになった。自分の丸太をいったん川から出して、また川に戻す。放送作家をやりつつ、作詞に挑戦し、テレビやラジオの仕事に戻るほうが、新たな展開が見えてくるのではないかと思ったからだ。

同じことをサラリーマンに置きかえれば、会社から与えられた仕事を続けつつ、何か違うプロジェクトを企画するということになるのではないか。

プロジェクトを企画書にまとめて、上司に提出してみる。すると「君がこの開発のリーダーになってみてはどうか」ということになり、それが当たれば異例の抜擢で「君が部長になれ」ということになる。

だから、「このままじゃ、課長止まりか。人生、先が見えてるな」と感じている人がいるとしたら「あなたは自分の丸太を川から出そうとしていますか」と言いたい。なぜなら、同じ川を丸太として流れ続ける限り、何も変わらないし、何も起こらないのだから。

丸太を川から出して、川の流れより速く運ぶのは、どんな方法でもいい。トラックに乗せてもいいし、馬に引かせてもいいし、ソリで引っ張ってもいい。どんな方法であれ、川から出たら、そこは初めての世界。初めての経験は、どんなことでも感覚を刺激するし、視野を広げてくれるはずである。

僕はこれまでに、いろいろな方法で丸太を川から出してきた。だからこそ、「初めてのことはすごく楽しいよ」と言いたい。いくつもの「初めて」を経験してきたからこそ、「初めてのことは人生を面白くしてくれる」と確信している。

しかも、丸太を川から出して、初めてのことを始めると、ご褒美《ほうび》がついてきた。作詞ではヒット曲を生み出すことができたし、そこからテレビやラジオに戻ったときも、新たな発想で仕事をすることができた。

僕は運がよかったのかもしれない。だけど、運だけでなく、まずは丸太を川から出さないことにはどうにもならない。宝くじだって、買わなきゃ当たらない。初めてのことを始めなければ、運はついてこない。

初めてのことに挑まなければ、運命の神様からご褒美はもらえないのだ。

僕は趣味が仕事になった

僕は現在、テレビ・ラジオの番組、映画、舞台の制作、さらに著述と、多様な仕事をしている。当然多忙になるし、仕事が中心の生活になる。

そんな僕を人が見たら「秋元さんは、仕事が趣味なんだね」というかもしれない。

しかし、「仕事が趣味」というよりは、どちらかといえば「趣味が仕事になった」といったほうが正しい。

僕は高校生のときに、アルバイトでラジオの台本を書き始めた。高校生だから、仕事としてそれをやりたいというより、ラジオの番組を作らせてもらえるのがただただ楽しかった。ある種の趣味のような感覚だったのだ。

つまり、ケーキの好きな人が、ケーキ職人になったようなもの。だから、仕事中毒の人が「オレは仕事が趣味だ!」というのとは違う。企業戦士といわれるサラリーマンにとって「仕事が趣味」だとしたら、仕事で実績をあげて、出世していくことに充実感や満足感を感じているからだろう。

僕はそうではなく、自分のかかわっている職種が趣味なのだ。仕事そのものが好きというより、自分のやっている仕事が好きなのである。ものを作ること、エンターテインメントを創造することに、充実感や満足感を感じている。

数字が苦手な僕がもしも税理士になっていたら、「仕事が趣味」にはならない。税理士としてバリバリ仕事をしていて「オレは仕事が趣味だ！」という人の中には、会社員や公務員になっていても、仕事が趣味になりえる人もいるだろう。だけど、僕が会社員や公務員になっていたら、それは趣味を仕事にしているわけではない。

要するに、僕は趣味を仕事にしてしまったから、いわゆる趣味を持つ必要がなかった。寝ても覚めても仕事、仕事。他のことに目がいかなかったし、頭の中は仕事のことしかなかったのである。

なにしろ、一日二四時間のうち、五時間は睡眠だとして、一九時間はびっしり働いている。食事をしていても、ほとんどは打ち合わせを兼ねた食事。自宅で食事をしていても、どこかで次の企画を考えている。それは仕事に追われているというのではなく、自然に思考が仕事に向いてしまうのだ。

たとえば、今は新聞や雑誌に何本か連載を抱えている。年に一本エッセイを書くのだったら、何もしなくてもネタはいくらでもたまる。けれども、週に何本も連載していたら、ネタはなくなってしまう。

だから、プロとして自分で動き、ネタを探すということをする。つまり、食事をしているときも、移動しているときも、自然にさまざまな事象に好奇心がわいてきて、無意識のうちにネタを拾うという意識になっている。

これは僕だけでなく、クリエイティブな仕事をしている人はほとんどがそうなのではないだろうか。レストランに行ったとしたら、隣の席の人の話が耳に入ってくる。「こういう話は面白いな」というところから、発想を広げていく。

あるいは、僕はレストランに行って、知らないメニューがあったら「これは何ですか」と必ず聞く。スープに食べたことのないものが入っていればたずねるし、「魚の浮き袋です」といわれれば、「魚の浮き袋って、こうやって食べるのか」と感心したり、面白がったりしている。

これは無理やり努力して、仕事のネタを探すというのとは違う。見たい、知りたい、聞きたいという興味が自然に生じている。そうした興味や関心や好奇心の種から、エッセイやテレビ番組や歌詞や映画が生まれていくのである。

僕にとっては二四時間のうち、睡眠時間を除いた一九時間が仕事なのだ。こんな生活は、「趣味が仕事になった」からこそできるのだろう。

部屋の灯かりをつけっぱなしで寝る

僕には、はっきりいって、休みはほとんどない。土日や祝日も完全な休日にはならないし、正月と夏にまとまった休みをとるくらい。

結局のところ、僕はものを作ることが好きなのである。休日にテレビを見ても、映画を見ても、ラジオを聴いても、作り手側でとらえてしまう。このドラマはこういう作り方をしているとか、この映画はこういう撮り方をしているとか、このバラエティはこういう事情があるなとか。だから、純粋な休日は皆無といっていい。

たとえば、ケーキが好きな人は、日常の中でケーキを食べて楽しんでいるだろう。ところが、その人がケーキ職人になって、ケーキを食べたら、今度はクリームの味がどうだとか考えるようになる。

それと同じで、見るもの、聞くものすべてが仕事につながってくる。僕の仕事は、ケーキの職人さん以上に仕事の場を離れたときもつきまとっている。ケーキの職人さんは工房を離れたら、家でテレビを見たり、休みの日に映画を見たり、音楽を聴いて楽しいという時間があるかもしれない。しかし、僕は仕事の場を離れても、家でテレビを見ていても、仕事のことを考えてしまう。

僕がプライベートでテレビを見るとしたら、だいたいニュースかスポーツかドキュメンタリーになる。つまり、演出がないものを見る。自分の仕事とは違う、演出のないもののほうがストレートに見ることができるからだ。

だから、これまでの人生を振り返ると、「毎日一九時間を仕事に売り渡してしまっているな」という気がしないでもない。

毎朝起きてから、覚醒しているときは、常に何かを考えている。会議をしているとき、スタジオにいるとき、食事をしているときでも、企画を考えている。あるいは、何をしていても、これはテレビのネタになるなとか、これはエッセイのネタになるなとか、頭の中の回線が勝手につながってしまう。

余談になるが、女優さんにもそういう人がいる。目が覚めた瞬間から、どこかにカメラがあるように意識してしまう。それは演技の上手い、いい女優さんに多いのだが、プライベートでもどこまでが地でどこまでが演技なのか自分でもわからなくなるのだ。

僕の場合、覚醒しているときは、自然にアンテナが立っているといえばいいだろうか。携帯電話でいえば、自然に電源がオンになってしまう。目が覚めた瞬間から、夜眠りにつく瞬間まで、仕事のことを考えている。

最近、寝るときに、部屋の灯かりをつけっぱなしで寝てしまうことが多くなった。眠りに入るギリギリの瞬間まで、何かを考えていたり、本を読んでいて、ストンと落ちるように寝入ってしまうからだ。

以前は寝る前にテレビを消し、CDを消し、灯かりを消して、ベッドの中に入ってから、あれをこうして、これをこうしてと考えながら、いつの間にか眠りに落ちていた。ところが、最近は灯かりをつけたまま寝てしまう。それはたぶん、年をとるにつれて、意識のどこかで人生の残り時間を計っていて、残された時間を無駄にしたくない、ギリギリまで起きていたいという思いがあるのだろう。ここ数年、妻に灯かりのことをいわれる回数が増えているのである。

もちろん、仕事のことだけで頭がいっぱいで、家族のことや友達のことをまったく考えないわけではない。

しかし、やはりそこでもエンターテインメントにつなげてしまう。たとえば、娘と遊んでいるときは、娘にいろいろ話してあげたいなと思う。そこから教育とは何だろうとか、そういう本を作ろうかという発想になっていく。

とはいえ、僕は仕事人間ではないし、仕事中毒でもない。自分のやっている仕事が好きだから、自然と仕事のことを考えてしまうのである。

仕事中毒、すなわちワーカホリックの人は、仕事をすることで何かを忘れられるから、仕事に夢中になっているところがあるような気がする。たとえば、夫婦、親子など家庭内の問題とか、考えたくないことがあると人はワーカホリックになる。面倒な問題を頭から消して、仕事のことだけを考えていればよいのだから。

さあ、自分に問いかけてみよう。

あなたは仕事が好きなのですか？　それとも、あなたの職種が好きなのですか？

僕は間違いなく後者のほうである。

発想はパチンコ玉のように出てきた

僕がどんなに忙しくても、仕事が楽しいのは、趣味を仕事にしているからだ。趣味を仕事にしているからこそ、四六時中、仕事のことが頭から離れない生活をしていても、心の中で苦労を苦労と思っていない。

苦しいという意識がないから、やっていけるのである。仮に僕がサラリーマンになって、経理部に配属されていたら、こんな仕事のやり方はできない。朝から晩まで細かく数字を計算するなんて、苦しくてたまらない。「仕事が楽しい」などとは、到底言えないだろう。

僕が三〇年近く、どんなときでも苦労を苦労と思わずやってこられたのは、趣味を仕事にしたということと、もうひとつ、気負いがなかったこともある。

高校生のときから仕事を始めたので、何がなんでも有名になろうとか出世したいとか、そういった目的意識はなかった。作詞をしたり、映画を撮ったり、小説を書いたり、初めての仕事をするのも、結果に対するこだわりはなかった。「とにかくやってみよう、失敗してもだめでもともと」というくらいの気楽さだった。

しかし、三〇歳を過ぎた頃からだろうか。「このままでいいのだろうか」という気持ちも芽生えてきた。新しい仕事に次々と挑戦して、順調すぎるくらい順調。けれども、僕はサラリーマンの息子だから、実感のわかないような大金が入ってくることに、どこかで「ヘンだな」という気分もあったのである。

それと、正直なところ、いつかメッキが剥がれるのではないかという不安めいたものもあった。僕は小学校のときにいちばん勉強したくらいで、中学も高校も勉強した覚えはない。大学も中退したので、いうなれば小学生の知識で仕事をしているようなもの。これは、どこかでガタッと落とし穴にはまるのではないかという懸念があって、環境を変えようとあるときニューヨークに移住する決断をした。

ニューヨークではテレビの制作の仕事をしたり、原稿や台本を書いたりしながら、一方でコロンビア大学に入ろうとも考えていた。

しかし、僕は根がいい加減なのである。人生に対しても、仕事に対しても、なりゆきまかせでパチンコをやっている感覚がどこかにある。この玉がなくなったら大学に行こうと思いつつも、結局、コロンビア大学に入ることはなかった。玉がなくなりそうになると、また、次々と出てくる。つまり、面白い仕事が舞い込んできて、それが当たって、結果も出たのである。

意識の中ではパチンコと同じで、「そろそろ止めどきだな」と感じることもあった。ここに貯まっている玉をなくすよりは、ここらで止めてしっかり勉強しよう。これ以上続けるとまずいと思うのだが、そのときにまた玉が出てくる。

じゃあ、もう少しやってみよう。そう決めて、ニューヨークから帰ってきてからは、開き直ったのである。このままラッキーなパチンコをやり続けようと。

気負わず、肩肘張らず、いい加減であったことも、ここまで仕事をしてこられた理由かなと思ったりもしている。

旅行カバンに荷物をどんどん詰め込む

ニューヨークから帰ってきたのが、三〇代の前半だった。四〇半ばになった現在まで、仕

777

事三昧の日々が続いている。

よく人からいわれるのが、「秋元さん、働き過ぎだよ」という言葉だ。たしかに、われながら一日が仕事で埋めつくされているなと感心してしまう。

どうして、これほどまでに働き詰めの生活を送っているのかというと、僕の場合は仕事をどんどん詰め込んでしまうのである。旅行カバンに荷物をギュウギュウに詰め込むがごとく、一日を仕事で埋めていく。一日のカバンの中に「そんなに入らないよ」といわれても、まだ隙間があるような気がするからだ。

この間、ふと「ボクはいったいいくつ仕事をしているのだろう」と思って、五〇まで数えてイヤになったのだが、たぶん一〇〇くらいプロジェクトを抱えている。一日二四時間をもっと濃くしたくて、新しいことをどんどん入れてしまう。カバンから溢れそうなのに、まだ入りそうな気がして次々と詰め込みたくなる。

たとえば、打ち合わせが三件くらい続くことがあるが、僕はその間に休憩を入れなくてもまったく平気なのだ。普通、数分の休憩をはさんで、次の打ち合わせに入る。ところが、僕はこの間もトリプルブッキングになってしまったとき、三つの部屋を行き来して打ち合わせをしたが、少しも苦にならないのである。

それでも、まだ一日に何もしていない三〇分とか一時間の隙間があるような気がしている。まだどこかに詰め込めると思ってしまうのだ。

ちなみに僕は中華料理のお皿も替えないタイプ。みんな一品食べると、味が混ざるのを嫌がって替えたがる。でも、僕はここに前の料理が残っていようが、どんどん同じお皿で食べてしまう。これもまた味だなと思うのである。

要するに、僕は一日二四時間をできるだけ濃くしたい。薄く空虚な一日はいやだという意識がある。

昼間はできるだけ人に会ったり、会議に出たり、打ち合わせをする。家に帰るのは、午前一時過ぎくらい。それから締め切りのある雑誌や新聞の原稿を書く。寝るのはだいたい午前三時頃で、睡眠時間は約五時間。

寝ていてトイレに起きたりして、そのとき目が覚めてしまったら「あっ、得した」と嬉しくなる。それから、また仕事をしたり、ビデオを観たりできるからだ。たぶん、事務所のスタッフの中でも、僕がいちばんビデオを観ているし、いちばん本を読んでいる。「なんで、みな本を読む時間がないのだろう」と不思議なくらいだ。

僕はもしかしたら、一日三六時間くらいあるのではないだろうか？　そんなふうに感じることがある。そうでなければ勘定が合わない。

目が覚めた瞬間に「なぜの嵐」

僕にとっての最大の趣味は、ものを作ること。テレビ、ラジオ、映画など、エンターテインメントを作ること。ものを作ることを自分の趣味としてくるなら、仕事の他に純然たる趣味として陶芸をやってみたくなった。

超多忙な業界の人間がなぜ趣味を？　そう思われる方もいるだろう。どうして趣味に興味をひかれたのか。四〇歳を過ぎた頃から、仕事を忘れられることをやりたくなったというのも大きな理由のひとつである。

つまり、電源がオフになっている時間がほしくなったのだ。覚醒している間は自然に電源がオンになって、仕事のことばかり考えている。この電源をオフにする時間を作りたかった。結果、ものを作るという意味では陶芸も同じで、電源がオンになったまま捕まえられることを選んだのだが。

二〇代の頃は「電源をオフにしたい」などと考えたことはなかった。二〇代は電源が入りっぱなし。寝ていても、原稿を書いている夢ばかり見ていた。眠っているときでも、夢うつつで企画を構想したりしていた。

最も忙しかったのは、テレビの番組でおニャン子クラブのプロデュースをしていた頃だろうか。

この頃は一日に一〇曲くらい歌詞を書いていて、帰宅したら倒れるように寝ていた。あるときも、歌詞を急ぎで書かなければならなかった。当時は制作の行程上、歌詞よりもレコードのカバー、すなわちジャケットの印刷を先にしなくてはならない。ジャケットの印刷を先にするということは、曲のタイトルがなくてはいけない。ところが、朝、早く起きて、詞を書くつもりが、起きられなくてすっかり寝入ってしまっていた。

電話がリンリン鳴っている。寝ぼけまなこで電話をとったら「秋元さん、タイトル!」。その瞬間「なぜの嵐……」と言っていた。「なぜの嵐」はジャケットに印刷されて、レコード売り場に並んだ。これはいまだにわからない。それから「なんで『なぜの嵐』だったんだろう」と思いながら、詞を書き続けて、今に至っている。それくらい二〇代は電源が入りっぱなしだった。

しかし、電源を入れっぱなしにしていると、加熱し続ける。三〇代になって、この電源をオフにしたいという気持ちにかられた。そこで、どんどん加熱する電源をオフにするため、結婚を機にニューヨークに行った。ニューヨークには一年間住んでいたのだが、それでも電源は切れなかった。呪縛から逃れられなかったのである。

そして、四〇歳になったとき、さすがに電源は切れないとわかった。切れないけれど、たとえばエアコンだったら、フィルターにホコリがたまっているわけで、電源はオフにできなくても、このフィルターだけは換えようと思った。それが僕にとって、趣味であり、陶芸だった。

同じ風力で、同じ角度で、ファンがずっと回ってきたから、せめてフィルターは換えたい。これまでテレビやラジオや映画や舞台の仕事をしてきたけれど、違うことをやってみたい。フィルターを換えて、角度を変えて、新鮮な風を送りたくなったのだ。

僕はフィルターを換えることによって、つまり陶芸という違うものに触れることによって、若い頃のように冷たい風を送り出そうとしているのかもしれない。意識の中で、もっと活性化したい、もっと満足感を得たいと願っているのだろう。

薄い一日も正しいのだと教えられた

僕がいかに仕事漬けの生活を送ってきたかをお話しした。

ただし、僕自身は忙しさを苦にせずやっているのだが、必ずしも忙しいことが人生を充実させるとはいえない。

夜昼なく働いてきたのは、自分が好きでやってきたことで、それが万人にとって幸せなのかといったら、そうではないと考えるようになった。

なぜそう考えるようになったかというと、若いスタッフを見ているうちに、「人生、仕事だけがすべてではない」と気づかされたからだ。

僕が二〇代の頃は、テレビやラジオを制作する若いスタッフは、寝る間を惜しんで働くのは当たり前だった。ところが、今、若いスタッフと仕事をしていると、彼らは寝る間を惜しんで働かないことが幸せだったりする。

僕は一日二四時間、仕事が詰め込まれた濃厚な一日が幸せだ。しかし、今の若いスタッフには、濃厚ではなく、薄めた一日が幸せだという連中もたくさんいる。向上心を捨てたことによって、楽になっている連中もいる。彼らを見ていると、僕は「それはそれでいいのではないか」と納得するようになってきた。

こういう考え方を強く持ったきっかけがあった。

あるとき、事務所の若いスタッフが「辞めたい」といった。彼は僕の車のドライバーをしながら、プロデューサーになる修業をしている。なぜ、ドライバーなのかというと、僕について、業界のいろいろな人に会うと、「この人はどういう人なのか」とか、「何を望んでいるのか」などに心が行き届き、わかるようになるからだ。

いかに先回りできるか。これはプロデューサーとして大事なことで、僕らは視聴者なり、来場者の先回りをしてエンターテインメントを提供している。ドライバーをしていると、道が混みそうだなと判断するとか、確認の電話を入れておくとか、そういったことも含めて常に先回りできるようになるのである。

ところが、彼は「辞める」という。「せっかくここまでやってきて、もうすぐプロデューサーのデビューじゃないか」というと、彼は「秋元さんを見ていると、僕にはこういう生活はできません」と答えた。

つまり、彼はもっと薄めた生活をしたいというのだ。僕のような濃い生活ではなく、薄めた生活をしたい。五時、六時には家に帰って、テレビを見たり、家族と過ごす時間を大切にしたい。僕はそれを聞いて、「ああ、それも正しいな」と感じ入った。自分の生き方は違うけれど、そういう人生観もあるなと考えさせられた。彼にとっては、「一日を濃縮したからといって、それが何なのか」ということなのだろう。

僕は初めて作詞をするとか、初めて映画の監督をするとか、いろいろな「初めて」があった。ところが、彼は「初めて」も否定するのである。「初めてのことで刺激があったからといって何なのですか」ということだ。

たとえば、僕は冬になると上海ガニを食べたくなる。しかし、上海ガニを食べたことがなければ、食べたいとは思わないだろう。「初めて」の経験がなければ欲求も生じないし、それはそれで楽なのだ。

そういう生き方もあるということを、逆に教えられたような気がしている。

彼は毎日、僕を見ていて「どうしてこの人はこんなに仕事を詰め込むのだろう」と呆れていたことだろう。彼とは今でもメールでやりとりをしているが、実家に帰って、結婚して幸せな家庭を築いている。それもまた素敵な人生なのである。

あなたは何を究極の目的にするか

人生とは何か、仕事とは何か、趣味とは何か。僕の年くらいの働き盛りの男性は、「そろそろ趣味でも始めたい」と思いながらも「今は仕事が大変で、趣味をやっている時間はない」という人がたくさんいるに違いない。

しかし、「果たしてそれでいいのだろうか」と思ったりもする。

僕は若い頃から仕事に突っ走ってきたのだが、スタッフやまわりの人間を見ると、いろいろな人生があるということを思い知らされた。仕事とは、男の人生にとってそれほど重要なものなのかという気もしてきた。

それもこれも、大前提としては、まず人生観が大事なのではないだろうか。

たとえば、僕の学生時代の友達でサラリーマンをしているヤツは、「仕事は要は生活するための手段だろう」という人生観がある。彼は「出世がなんだ」という考えの男で、仕事よりも趣味のほうが大切なのである。

だから、四〇代くらいになったら、「自分はどうしたいのか」と、人生観を見直してみることも必要だろう。

世の中には、僕の友達と逆に「趣味などにかまけているのは、仕事のできないヤツだ」という考えの人もいるかもしれない。しかし、仕事ができて、出世することだけが幸せではない。趣味もなく、家族もほったらかしで、仕事や接待に明け暮れる生き方が「自分にとって楽しいかどうか」なのである。

僕のある友達は、とにかく会社の上司や同僚とは、いっさいつき合わない。彼は毎日、定時に家を出て、定時に帰ってくる。彼のように仕事がすべてではない人間にとっては、家族と過ごしたり、趣味を楽しんだりすることが、何よりも優先させるべき時間なのだ。

もちろん、仕事がすべてという人生観があってもいい。「趣味に時間を費やしている暇はない、出世したい、稼ぎたい」という人がいてもいい。それもまた、ひとつの人生観。仕事人生をまっとうすればいいのである。

だから、いちばんだめなのは「仕事も趣味も」という中途半端な人生観だろう。出世を人生の目的にしながら、趣味も目いっぱい楽しんで、というのはありえない。何を究極の目的にするかということを、自分の中でしっかり持つべきなのだ。

僕も四〇歳を過ぎて、仕事は相変わらず忙しいが、「仕事ばかりでは淋しいな」という気持ちが次第に強くなってきた。

ものを作ることが好きで、テレビやラジオや映画といったエンターテインメントを生み出すのが好きなことに変わりはない。好きな仕事だから、いくら詰め込んでも苦労にはならない。しかし、そんなに仕事をして「ボクはどこに突っ走っているのだろう」という声も、心の中のどこかにある。

僕の人生観は、毎日を充実させたいということ。必ずしも仕事の結果や数字だけが目的ではない。陶芸を始めたのは、そんな心境の変化もあった。

ここらで腹をくくりなさい

僕はいわゆる自由業なので、仕事を詰め込みながらも、陶芸を習うことができる。僕だけでなく、たとえば自営業の人は、仕事をしつつ趣味を持つこともできるだろう。

しかし、会社員や公務員などの勤め人にとっては、仕事をやりながら、趣味もやるというのは難しい。

だから、四〇代くらいになったら、「仕事か」それとも「趣味か」の選択をしたほうがいい。人生の残り時間を考えたとき「仕事を充実させたいのか」、それとも「趣味を充実させたいのか」を自分に問いかけてみてもいいのではないか。

なかには、仕事も趣味も充実させているサラリーマンもいるだろう。しかし、すべての人はスーパーマンではない。月曜から金曜までバリバリ働いて、週末はどこかの窯にこもって陶芸をやるなど、なかなかできることではない。だとしたら、自分は残りの人生どう生きたいのか、考えてみたほうがいい。

つまり、「ここらで腹をくくりなさい」ということ。もっといえば「あなたにとって幸せとは何ですか」ということが大事なのではないだろうか。

四〇歳を過ぎたら「出世をするだけが幸せなのか」、あるいは「目の前の仕事をこなしていくだけが幸せなのか」と自分の心に聞いてみることが必要だ。

趣味を持つというのはどういうことかと考えると、毎日を充実させるということに他ならない。

仕事をしている人が毎日を充実させるには、仕事以外の充実できる時間を作ることも大切である。仕事に励んで、結果を出して、出世して、部長になり、取締役になり、社長になるだけが最高の人生ではない。仕事以外の時間でいくらでも充実させることはできるのに、毎日、仕事だけに流されていることに気づこうとしない人も少なからずいるはずだ。

人生を旅にたとえれば、仕事一筋の人生は最終目的地の「死」に向かって、わき目もふらず突っ走っているようなものだ。東京からニューヨークまで何事も起こらず、何も考えず、何も感じず、ただ飛行機に乗っているだけでは、それは旅ではなく移動でしかない。

けれども、飛行機が遅れたり、荷物が出てこなかったり、空港で子どもにアイスクリームをつけられたりすることもあるかもしれない。旅というのは移動ではなく、そういう途中のアクシデントも含めて旅という。

だから、「人生も過程を楽しもう」というのが僕の考えなのである。

僕も四〇歳を過ぎて、人生の残り時間を数えるようになった。人は残り時間を意識したとき、その時間をどう使おうかと考える。人生がカウントダウンされて、残り時間が出てきたとき、毎日を楽しく過ごせる方法を見つけたいものだ。

僕が陶芸を選んだ理由

毎日をどうしたら楽しく過ごせるか。そう考えたときに、僕は陶芸を選んだのだが、いろいろな人から「なぜ陶芸なのですか」と聞かれる。

理由はいくつかあるが、ひとつは陶芸には正解がなく、自分のために作れるからだ。

僕は仕事ではテレビの番組にしろ、歌詞にしろ、映画にしろ、大衆に受けるもの、喜んでもらえるものを作っている。

そこは仕事だから、テレビだったら視聴率をとらなければいけない、歌詞だったらヒットさせなければいけないし、映画だったら当てなければいけない。もちろん、どうすれば受けるか、どうすれば当たるかと考えること自体は決して嫌いではない。それはそれで、やりがいはあるけれど、自分で好きなように作るということもしてみたかった。

つまり、陶芸を趣味でやっている限りにおいて、正解はないのである。いびつな形だろうと、下手クソであろうと「ボクはこのボクの作品がすごくいいと思う」ということが成立する。自分が満足すればいい、自分が楽しければいい、ということに徹しているから面白いのだ。

これがゴルフだったら、趣味といえども正解がある。

ゴルフはスコアいくつであがったかという数字が出て、スコアが悪ければ「オレのゴルフはすごくいいと思う」というわけにはいかない。正解にするために、つまりスコアを上げるために「頭が動いているよ」とか「脇をこうして打つんだよ」といわれて、技術を向上させるための練習をしなければならない。

ところが、陶芸にはスコアがない。先生は正解を教えてくれるというよりも、むしろ「秋元さんの頭の中にある正解を形にするためには、こういう方法があるよ、こういう方法もあるよ」と教えてくれるのである。

もっとも、陶芸には正解はないといっても、もちろん先生の作品は、初心者の僕が作ったものとは比べようもない。専門家にとっての正解はあるだろうし、プロフェッショナルな陶芸家の作品は評価もされるだろう。しかし、少なくとも僕にとっての正解はないし、僕が「これは最高の作品だ」と納得すればいいのである。

僕は仕事では、いつも視聴者や観客や読者の求めているものを作っている。でも、陶芸は

「人はこういうものを欲しがっている」と考えて作らなくてもよい。むしろ自分で好きなように作って、「これを欲しいと言ってくれる人はいるだろうか」と想像するのが楽しいのだ。

趣味が埋もれた才能を掘り起こす

僕が陶芸を習っているというと、もとからもの作りが得意なのかと想像されるかもしれない。手先が器用で、何でも手早く直してしまう、みたいな。

しかし、正直いって、まったく器用ではない。むしろ不器用なほうだ。人間が器用かそうでないかは、エンピツで紙に直線を引くだけでもわかる。僕は直線を引けない人。あるいは、缶やビンのフタを開けるのさえも苦手なほうなのだ。

しかし、そういう器用さではないところで、もしかしたら僕にもできるのではないかと期待したのが陶芸だった。

たとえば、何とか細工とか模型とか、手先の器用さを求められるものだったら、無理だったかもしれない。けれども、陶芸はやわらかい粘土に触れているうちに、だんだん形になっていく。それがいびつであろうが何だろうが、ひとつの作品になる。そこが面白いと感じて、陶芸に興味を引かれたのだ。

前にも述べたが、僕くらいの年になれば、みんな得意なことにだけ関心が向かいがちである。運動が苦手な人は、いまさらスポーツをやろうとはしないし、機械が苦手な人は、パソコンが必要でも敬遠したりする。

しかし、何歳になろうと、自分の才能はどこに潜んでいるかわからない。

自他ともに認めるぶきっちょな僕が陶芸を選んだ理由のひとつには、その潜んでいるものを探しているようなところもある。自分にはもっと他に能力があるのではないか、隠れている才能があるのではないかと発掘しようとすることが楽しいのだ。

僕も実際に陶芸をやってみたら、意外と難しくて、自分のイメージする通りのものはなかなかできない。

けれども、思い通りにできなかったのが、やっているうちに、目に見えてできるようになっていく。最初は湯のみか何かわからないクニャクニャしたものしか作れなかったのが、きれいな底ができてそれらしい作品になっていく。できなかったことが形になっていくのを見ていると、自分の中で埋もれていた才能が掘り起こされていくような気もする。

世の中には「自分には何の才能もない」と思い込んでいる人が数多くいるだろう。しかし、たまたま始めた趣味で思いがけず才能が開花することもありうる話なのだ。

だから、自分はこれが苦手だ、これは無理だと決めつけないで、興味を引かれることがあったら、やってみることを提案したい。

たとえば、体力測定をする機会があって、意外に握力があったりすると、少し得意になったりはしないだろうか。自分では握力があるなんて知らなかったのに、こんな能力があったのかと発見することは嬉しいものだ。

趣味もそれと同じように、こういうのは苦手だと思っていたことをやってみて、「自分にもこんなことができるのか」と実感するのは、かなりの快感を感じるはず。誰にでも、どこかに自分では気づかないポテンシャルがあるのだから。

今日はオムライスを頼んでみる

とにかく「年をとるにつれて、初めてのことがなくなるから、初めてのことを始めよう」というのが、今、僕がいちばんおすすめしたいことだ。

見たことのないもの、聞いたことのないこと、行ったことのないところ、やったことのないことに触れるのは間違いなく面白いし、ワクワクする。陶芸を始めて、それを実感している僕が、「初めては面白い！」ことを断言する。

そう、初めてといえば、先日、強烈な二日酔いを体験した。もともとあまりお酒は飲まないほうだし、飲んでも翌日に響くようなことはなかった。四六歳にして、生まれて初めての二日酔い。

前日、テレビ局の男性と二人で食事をしながら、ワインを一本空けたのが始まりだった。それから銀座で二軒、ブランデーの水割りをかなり飲んだ。そこで帰っていればよかったのだが、六本木に行って二軒、やはりブランデーの水割りを飲んで、三軒目でシャンパンを六本空けたのだった。

店を出たのが朝の五時半で、家に着いたのは六時。その日はテレビ番組の収録で地方に行くことになっていたので、八時には家を出なければならない。一時間ちょっと寝て、飛行機に乗ったのだが、気分は最悪だった。

ああ、これが二日酔いか！　みんなが「頭が割れるように痛い」と言っていたのは、「これか」と思いながら、実は僕は楽しんでいたのだった。これまでにない気持ちの悪さと、最悪の頭痛、この初めての二日酔いが僕にはひじょうに面白かった。

こんな二日酔いは最初で最後にしたいけれど、それでも初めてのことは楽しい。つまり、「初めて」はいつだって人生の刺激なのだ。だから、初めてのことが少なくなってくる年代になったら、意識して初めてのことを見つけたい。

たとえば、僕は食事をするにしても日替わりランチが好きなのである。今日は何だろう、どんなものが出てくるのだろうと期待してしまう。

あるいは、馴染みの店に行っても、必ず違うものを食べる。カレーがおいしい店だったら、ハヤシライスもおいしいのではないかとか、オムライスもおいしいかもしれないとか想像するのが楽しいからだ。もしくは、メニューに知らない名前の料理があったら、必ず注文する。要するに、「初めて」をいつも見つけようとしているのである。

大切なことは「昨日とは違う今日をどうしたら作れるか」ということだ。

毎日が同じ繰り返しだと、人生そのものがルーティンワークになってしまう。たとえば、サラリーマンの人が毎日同じ時間に家を出たら、電車の中で会う人も同じで、仕事をする人も同じで、もしかしたら帰りの電車の中でも同じ人と会うかもしれない。それは生きるということを、ルーティンワークでこなしているような気がする。

では、どうすれば昨日とは違う初めてのことが体験できるのか。

僕がサラリーマンだったら、家に帰るとき、ひと駅手前で降りて、そこから自宅まで歩いて帰ってくるということをする。なぜなら、昨日とは違うことをやってみたいから。ひと駅手前で降りたとき、見慣れない景色は、自分の心にきっと何かをもたらしてくれる。

日常の中に「初めて」はたくさんある。「初めて」を見つけるのは、「初めて」を見つけようとするあなたの積極的な意識なのだ。

第二章 男を強くするこだわりと偏り

こだわりのない大人はつまらない

仕事柄、僕のまわりには、さまざまな年代のさまざまなタイプの人間がいる。男性でいうと、どういう男が人間として面白く、価値があるかといったら、こだわりのある男ということに尽きるだろう。

やはり、どこから見ても平均的な、突出したところのない人間はつまらない。人間はデコボコがあるほうが面白い。デコボコがある人間とはどういうことかというと、外見でも、中身でも、どこかが突出していたり、どこかに偏りがあったり、どこかその人なりのこだわりが見えるということである。

大人になったら、子どもの頃にバランスよく栄養をとりなさいというのとは違って、もう好き嫌いがあってもいい。まわりに合わせる必要はないし、自分の顔というものがはっきりしていて然るべき。大人の男だったら、自分はこれに絶対こだわるというものを持っている人が、僕はかっこいいと思っている。

だから、大人になって、何か趣味を持っているということは、その人のデコボコさがはっきり見えているということでもある。

たとえば、ある人は絵を描くのが趣味で、休日はいつも絵を描いているとしたら、なぜこの人は絵に出会ったのだろうと想像をかきたてられる。どうしてこの人は絵にこだわるのだろうと、たずねてみたくなる。絵を描くことへの強いこだわりが、その人の個性であり、デコボコさであるから興味を引かれるのだ。

つまり、三〇代や四〇代にもなったら、あれもこれもと手を出さないところが、他の人と違う部分なのである。釣りから、ゴルフから、楽器から、いろいろなものに手を出して「多趣味なんだ」という人には、僕は興味がない。なぜなら、そういう人には、その人なりのこだわりが見えないからだ。

そもそも趣味とは何かと考えてみると、ちょっとおおげさにいえば、その人の人生観や価値観をあらわすものでもある。

趣味という言葉には、ホビーとしての趣味だけでなく、「物事の味わいを感じとる能力」という意味合いもある。着る物の趣味とか、食べ物の趣味とか、車の趣味とか、それらについて「あの人は趣味がいいね」という。要するにその人の趣味を通して、美意識から判断力から選択能力までが見えてくる。

だから、広い意味での趣味ということでいえば、趣味というのは軸足であって、軸足がぶれていないことが、男を強くするといえるのではないか。

自分は誰が何と言おうが、絵を描くことが大好きだ。自分は誰にどう見られようと、こういう服が着たい。自分はみんながどう言おうと、この車を気に入っている。

そういう、自分だけのこだわりがあることが、人生観や価値観の確立した大人の男である証しなのだ。

人間として、あなたは何色なのか

ところで、あなたは、もしもネクタイを誰かからプレゼントされたら、それをするだろうか？　誰かからお礼にもらったとか、何かの景品でも賞品でもいい、ネクタイをもらったら使うかどうか？

いうまでもなく、無自覚に何でももらってしまおうという人はだめなのだ。自分にとって、ネクタイはこういうものがしたいとか、そこのこだわりのない人は、価値観が曖昧な人間ではないかという気がする。

もちろん、ネクタイは例えだから、腕時計でも、財布でも、ハンカチでも、カバンでも何でもいい。自分が所有するものについて、これはいらない、これは好きじゃない、これは欲しくないというのがはっきりしている人間は、すなわち自分の意見を持っているということ。ささいなことでも、こういうものが好きだ、こういうものは嫌いだという意思表示のできる人は、生きていくうえで軸足がぶれない。

だから、趣味にしても、自分はこれが趣味だというものがあるということは、自分はこういう人間でありたい、という意識が根底にある。

たとえば、茶道が趣味の人は、京都に旅行に行ったら、泊まるのは旅館というこだわりがあるはずだ。あるいは、ワインが趣味の人だったら、おいしいワインと料理を出すホテルを選ぶだろう。自分はこれには絶対こだわりたいというものを持っている人は、人に意見を求められたときも、はっきり述べることができるのである。

僕が何を言いたいかというと、「三〇代、四〇代になったら、自分の色をはっきりさせよう」ということ。

　これだけ情報過多の時代、「何でもいい」とか「みんなと同じでいい」という自分の色のない人は、社会からも求められない。わかりやすくいえば、有名なブランドの高価なネクタイをもらって喜んでつける人よりは、「これはいらない」としまっておく人のほうが、存在価値があるのではないか。

　僕はテレビやラジオの番組の制作をしている。たくさんの人が求めるもの、ある意味、流行を送り出す仕事をしている。その立場からいえば、常に流行を後追いしようとすると、五分遅れの時計みたいなもので、いつまでたっても時間は合わない。

　自分の価値観がなく、みんなが「いい」と言っているものがよく見えたり、みんながやっていることが楽しそうに思えて後追いばかりしていると、いつまでたっても自分の色がはっきりしてこない。そういう人は結局のところ、仕事をしてもそこそこのことしかできない。

　しかし、止まった時計を考えてみよう。常に流行を追いかける五分遅れの時計と違い、日に二度は、確実に正確な時間を示すのだ。

　つまり、流行遅れであろうがどうだろうが、「これがいいと思う」と自分の意見を言える人は、必要とされる人間であることが多い。止まった時計のように、その人の意見は必ずど

こかの時点で、時代や状況が求めるものと合致することがあるのだ。趣味にしても、誰も見向きもしないようなことでも、「自分はこれがやりたい」というこだわりのある人は、仕事でも「この分野ではだめだが、これならアイツしかいない」となる。

たしかに、過去には個人の色が必要とされない時代もあった。高度経済成長期には、会社が青色だったら、全員青色の人間を採用して一丸となって働いていた。たとえば、ある機械メーカーは理工系の人間ばかり採るという、そういう時代があった。

けれども、現在は理工系のなかに優秀な文系の人間もいないと、多角的な視野で会社を経営していくことはできない。文系を採用するということは、文系の思考回路が必要とされているということ。どちらでもないという人は、採用されない時代なのである。

だから、四〇代にもなれば、人間として何色なのかということを考えたほうがよいのではないだろうか。自分はいったい何色なのか。僕くらいの年齢になれば、そのことを見直す時期にきている。

四〇歳、偏食のススメ

四〇歳を過ぎた頃からだろうか。僕は次第に、やりたくないことはやりたくないという気分が強くなってきている。自分に対して正直でいたいし、やりたいことだけをやりたい。当然、現実はそうはいかないが、できる限りやりたいことにこだわり、偏ることのできる自分でありたい。

このことは、僕だけでなく、同年代のすべての人にいえるのではないだろうか。

四〇歳を過ぎれば、たいていの人々は社会の常識をきちんとまっとうして生きている。人間関係がどういうものであるかも理解しているし、新聞を読めば社会の動きもわかる。食べ物だって、ひと通りのものは食べてきた。

だとしたら、これからの人生、あとは偏食だろう。

常識とか社会通念とか慣習とか、そういうものはすでに身についている。四〇代になれば、もう偏食して、好きなものだけを食べていい。仕事や家事など社会的な責任を果たせば、それ以外の時間はやりたいことだけに偏ってもいいのではないだろうか。

もしソバが好きなら、ソバだけ食べていてもいい。誰かに「このパン、すごくうまいぞ」といわれて、パンを食べる必要はない。趣味のゴルフに夢中になっていて、人から「のめり込みすぎだよ」といわれても、「やりすぎかな」などと反省したりしないでいいのだ。

だいたい考えてもみてほしい。僕たちは、普段、偏食したくてもなかなかできない。誰だって、仕事をしていれば、ニュートラルな思考をしなければならない状況がいくらもある。テレビの番組ひとつ作るのでも、たくさんの人の意見を聞いたり、調整したりしなければいけない。

しかし、陶芸をやっている時間は、「このロクロの上の粘土はボクのものだ。何を作ろうがいいではないか」という自由がある。仕事で調整に明け暮れるからこそ、趣味で思いきり偏りたいという欲求があるのだ。

たぶん、仕事をしていて、ストレスがまったくない人は少ないだろう。

だから、毎日パソコンに向かって仕事をしている人は、ゴルフを趣味にしたりする。ひたすら会社の中に閉じこもってデータ分析をしている、あるいは職場で面倒な人間関係があったり、毎週退屈な会議に出なければならない。そうすると、開放的なゴルフコースに出て球を打ちたいという欲求が出てくるのだろう。

またば、ピアノを趣味にしている人がいる。その人は、もしかしたらリストラの対象になっているのかもしれない。部下が出世していくのを見たときに、別の能力があることを検証したくてピアノをやっている、ということもあるかもしれない。

僕も含めて、四〇代のほとんどは、仕事上で何らかのストレスを抱えている。

仕事はきちんとこなさなければいけない。食べるために、家族を養うために。だからこそ、人は趣味で自由に偏りたい。自分はどこで偏食するかというときに、趣味はその人の偏りを受け入れてくれるのだ。

自分を知るための階段を昇ってしまった四〇代

年をとることが、決してネガティブなことでないのは、自分という人間がわかってくるというところにある。

誰でも若いときは、自分はどういう人間なのか、わかっているようでわかっていない。勉強をしていても、仕事をしていても、本当は何をしたくて、何がしたくないのか、自分の気持ちをとらえきれていない。

あなたが二〇代の頃を思い出してみてほしい。

人は二〇代で社会人になると、仕事で評価されることで、だんだん自分が見えてくる。得意なこと、苦手なこと、好きなもの、嫌いなものがわかってきて、自分がどれほどの能力のある者なのか少しずつはっきりしてくる。

ただし、二〇代ではまだ「こういう自分でありたい」という願望がどこかにある。見えてきた現実の自分と、「こうありたい」という理想の自分がいて、そこのせめぎあいとギャップに悩むのが二〇代なのだろう。

それが、三〇代になると、自分の中で負けを認められるようになる。この分野では勝てないなと認めて、理想と現実に折り合いがつけられるようになる。もっと別の生き方をしたかったが、「結局、身の丈に合った人生になったな」と納得できるようになる。つまり、二〇代、三〇代は自分を知るための階段を昇っている時期なのかもしれない。

たとえば、一〇代で野球をやっている少年がいるとしよう。

彼はまだ自分とプロの選手と、どこが違うかわからない。ところが、二〇代でプロ野球に入れなかったところで「やっぱりプロ選手のような才能はない」と自覚する。けれども、まだ「オレは本当はプロ野球選手になりたい」という未練はある。

そうして、三〇代になると、ようやく「プロ選手には絶対に勝てない」ということが実感できる。三〇代になってはじめて、勝てないと認めたうえで、自分はこの分野なら勝てるというのがわかるのだ。

四〇代というのは、三〇代からさらに進んで、等身大の自分と向き合う年代といっていいのではないか。自分というものがわかって、自分にできることも、できないことも見えている。本当に好きなものも、嫌いなものもわかっている。つまり、四〇代はここらで視線を仕事からちょっとはずして、趣味を始めるのにはいい時期なのである。

これまでの人生、自分は何をしてきたか？　自分はどんな仕事をしてきたか？　そして現在の自分は何をしたいのか？　自らに問いかけたときに、自分の中で明確な答えが出せるようになるのが四〇代なのだ。

僕も実際そうだった。たとえば、二〇代の頃はテニスをやったり、ゴルフをやったり、スキューバダイビングをやったりした。しかし、友達に誘われるままに、忙しい仕事の合間にそういうことをやっていると、時間がいくらあっても足りない。

そのとき、自分は本当は何がやりたいのだろうと顧みると、ゴルフは飽きているなと気づいたのだ。スキューバダイビングも、みんなが行こうと誘うから行くけれど、本音では好きではないなとわかった。

そして、今、陶芸という趣味にたどり着いたのである。自分という人間がわかってくると考えれば、歳をとるのも悪いことじゃない。

陶芸でプロになれると思い込んでいる

趣味というのは、もしかしたら自分探しなのかもしれないが、いうなれば、もうひとりの自分探しのような気がしている。

サラリーマンの人だったら、今は会社に通う毎日がある。しかし、その人がクラリネットが趣味なら、クラリネット奏者になれるかもしれないと想像することができる。小説を書くのが好きな人なら、作家になれるかもしれないと夢見ることができる。僕などは、ひょっとしたら陶芸家になれるのではないかと思い込んでいる。

もちろん、趣味が簡単に仕事になるほど世の中は甘くない。だけど、夢を見るのはいくらでもできるのだ。

この世の中で、どれだけの人が自分の好きなことを仕事にしているかというと、おそらく半分以下ではないだろうか。「本当は違うな」と感じながらも、与えられた環境の中で幸せを見つけようとしている。決していやいや働いているわけではないだろうが、原点に戻ったら「違う」と感じるだろう。

だから、趣味を持つということは、第二の人生のスタートでもあるのだ。

人はみな、もうひとりの自分が違う人生を歩んでいたらどうなるのだろうということに、興味がある。人生は枝葉にいくつも分かれている。「あのときこうだったら」という分かれ道がいくつもある。だからこそ、四〇代くらいの年齢になったら、趣味を持って、もうひとつの選択を自分に与えたくなるのだ。

僕にしても、作詞家という肩書きがあるけれど、これから陶芸家に転向したら面白いなと想像したりする。頭の中で九九パーセント無理だとわかっていても、一パーセントの夢をかけているのが趣味なのである。

ゴルフが趣味の人だって、シングルになって、この年齢でプロになれるだろうかと思いながら、せめてシニアツアーに出てみたいと夢をかけるだろう。

つまり、趣味を始めるということは、夢を持つということでもある。

中年になって、時間的にも経済的にも余裕ができたら、趣味を持ちたくなる。その根幹には、この人生じゃない、もう一つの人生が生まれるかもしれないという大いなる期待がある。そこのところが、趣味の面白いところではないだろうか。

だとすると、不況で会社にリストラされたとか、会社が倒産したということは、いいチャンスといえないこともない。最初から九九パーセント無理だからと諦めるのではなく、一パーセントの夢にかける機会だと思うべきだ。

現実に職を失った人は、「そんなに甘くないよ」というかもしれない。僕の友達にもリストラされた人がいて、「おまえね、笑うかもしれないけど、全然仕事ないんだよ」という。たしかに四〇代半ばになって、仕事を探そうとすると、本当にないのかもしれない。

つまり、自分にはできないと思い込んでいる仕事や、やりたくないと避けていた仕事も考慮すれば、本当に職がまったくないかといったら、そんなことはないはずだ。給料が大幅に下がるとか、住宅ローンを抱えているとか、子どもの学費が大変だとかあるだろうけれど、僕だったらいいチャンスだととらえる。なぜなら、強制されでもしなければ、第二の人生を歩み出そうなんてきっかけはなかなかないのだから。

だから、サラリーマンでラーメンが大好きな人が、リストラされてラーメン屋を開くなどというのは応援したくなる。自分の好きなことや、やりたいことを仕事にするのは幸せなこと。趣味を仕事にできれば、人生、こんなに楽しいことはない。

趣味を持って、第二の人生の選択肢を広げていくことをおすすめしたい。

おだてられたら本気になれ

趣味を仕事にするには、綿密な計画性や決断力より、むしろ人のおだてに乗るような調子のよさも必要である。

僕は趣味を仕事にしてきたわけだが、僕の場合、それは人生の偶然で、意図したことではなかった。高校生のときにたまたま放送作家になり、たまたま作詞家になったのであって、確信犯ではなかったのだ。

放送作家という本業があって、そのかたわら趣味のように作詞をして、結果的に作詞も仕事になった。歌詞は「自分だったら、こう書くのにな」という単純な発想から詞を書いて、それが作品となった。

だから、陶芸もそうなったらいいなと、心ひそかに希望を抱いているのである。

今はもちろん、僕の作品を買ってくれるお客さんがいるとは到底思えない。でも、そのうち物好きな人があらわれて、ひとつ買ってくれたら「なるほど、こういうのを欲しがってくれる人がいるんだな」ということで作っていく。即ビジネスにしようというのではなく、「人はこういうものを望んでいるんだな」というものを作って、結果、それが仕事になるというのが、僕のこれまでのプロセスだったからだ。

僕はビジネスの上手い人のように見られることがあるが、実はそうではなく、要はお調子者なのである。

褒《ほ》められたり、おだてられると、調子に乗ってしまう。子どもの頃は「やっちゃんはね、まだ小学校の一年生なのに漢字がこんなに書けるんだね」なんて褒められたりしたら、得意げになって書いてみせるタイプ。褒められたいがために、みんなが遊んでいるときに、辞書を見て「こういう漢字か」と覚えたりしていた子どもだった。

放送作家になったのも、おだてられてなったようなもの。高校生のとき、受験勉強をしながらラジオを聴いていて「こういう台本ならボクにも書ける」と思い、ラジオ局に送ってみた。すると「面白いから遊びに来い」とおだてられ、ラジオ局に行った。「こんなのでいいなら、いくらでも書ける」ということで、「じゃあ放送作家になろう」というのがラジオの仕事を始めるきっかけだったのだ。

作詞にしても、「ボクだったら、こういう歌詞を書くのにな」と思って書いたものを、ある人がたまたま見て「面白いから作詞をやってみろ」といった。「こういう歌詞を人は望んでいるなら、いくらでも書けるよ」というので、作詞家になる道がひらけたのである。

ならば、もしかしたら陶芸の作品にも「面白い」と言ってくれる人がどこかにいるかもしれない。

今は「こういうお皿が作れるようになったらいいな」とか「こういう壺が作れたらいいな」と夢想している。そして、作ったものを、誰かが褒めてくれたり、買ってくれたとする。すると、「これならいくらでもできる」というので、陶芸家になれるかもしれない……

と夢は膨らんでいくのである。

だから、もしもそば打ちを趣味にしている人がいるとして、まわりの人が「すごくうまいよ」とか「プロになれるのではないか」と褒めてくれるとしたら、その人のそばを食べたいと欲してくれる人がいるということ。だったら、おだてに乗ってもっとおいしいそばを作るべく、がんばってみればいい。

人生を変えるのは、おだてられてやる気になる自分の意思なのだ。

宝くじを買うために一歩踏み出す

僕は自分のやりたいことをあたかも趣味のようにやって、それが仕事になってきた。陶芸もまた、プロになれればいいなと心の中で夢見ている。

そういうと、「それは、あなたのような仕事をしているからできるんだよ」とおっしゃる方がいるかもしれない。

たしかに、僕は趣味を仕事にするきっかけが、まわりにいっぱい転がっている。普通のサラリーマンの人は、「趣味を仕事にすると楽しいですよ」と言っても、なかなかきっかけがない。だったら、きっかけは自分で作るしかない。

つまり、歌の詞ではないが、「幸せは歩いてこない」。「だから、歩いて行く」のである。たとえば、そばが好きな人がいて、そば屋巡りを趣味にしていて、ある日突然「あなた、そば打ちをやってみなさいよ」とは誰も声をかけてくれない。「じゃあ、そば打ちをやってみるか」と習いだしたとしても、「どこか郊外にでも、そばのおいしいこだわりの店を出しましょうよ」とは誰も言ってくれない。

つまり、趣味を見つけるのも、それを仕事につなげるのも、きっかけは自分で作るしかない。「思い立ったら吉日」なのだ。

僕には知り合いに、株式公開企業の社長が何人かいる。彼らの話を聞いていると、会社を興したのも、会社を大きくしたのも、ほんのささいなきっかけだった。

人生の道が二つに分かれているときに、やるかやらないかだけ、というのである。企業の社長は、もちろん能力もあったし、運もよかったのだろう。だけど、今サラリーマンをしている人の中にも、能力も運もある人はたくさんいるはずだ。

あとは宝くじを買うかどうかなのだ。

たとえば、たまたま会社の近くを歩いていたとき、宝くじ売り場があったとする。それを「ああ、宝くじを売っているんだな」と通り過ぎるか。あるいは「そうだ、たまには買ってみよう」と思いついて、会社まで戻って、財布をとってきて買うか。ささいなきっかけをつかむかどうかは、わざわざ財布をとりに行くかどうかの差なのだ。

僕にしても放送作家になったからこそ、作詞もできたし、映画も撮ったし、仕事をしながら陶芸を楽しむこともできるのである。

そもそもが放送作家になったのも、ささいなきっかけだった。ラジオ局に自分の書いた台本を送っただけだった。前述したように「これならボクでも書けるな」と思って、コクヨの原稿用紙を買いに行った。原稿用紙を買ってきて、書いてみて、それをポストに投函したというのが、宝くじを買ったということなのである。

映画にしても、最初は企画を考えていた。松坂慶子さん主演の映画『グッバイ・ママ』の企画があって、「監督はどうする」という話になったとき、プロデューサーが「秋元さん、やれば」といった。それが映画を自分で撮るきっかけだった。

初めて映画の監督をするにあたって、ためらいはなかった。もともと放送作家のアルバイトから始めたから怖いものがない。映画学校で勉強したわけでもなく「ここで失敗したら大変なことになる」とは考えなかった。

おそらく、「趣味を仕事にするなんてできるはずがない」と多くの人が諦めているのではないだろうか。

しかし、踏み出さないことには、何も始まらない。「そば打ちをやってみたいな。この先、会社もどうなるかわからないし、そば屋をやればいいな。でも、そんな甘くはないだろうな」とためらっていたら、永遠にできっこない。

きっかけを自分で作らなければ、失敗もないかわりに、成功もないのだから。

八ヶ岳に引っ越しても変わり者ではない時代

僕と同じ年代の男性で、趣味に関心のある人はたくさんいるだろう。

この時代、仕事ばかりやっていても、人生、先が見えている。何か自分が楽しめることや、のめり込めるものを見つけたい。そんなふうに考えている中年世代の人は、増えているのではないか。

その理由のひとつは、男性の生き方の選択肢が増えてきたからだろう。

かつて女性誌が次から次へと創刊された時代があった。それは、戦後、女性の生き方の選択肢が増えたからだ。

昔だったら、女性が離婚すると出戻りといって白い目で見られたのが、バツイチという言葉ができて、離婚が何でもなくなってきた。仕事を持つ女性も珍しくはないし、さまざまな生き方に合わせて、多様な女性誌が創刊された。

同様に今は、男性誌もたくさん書店に並んでいる。それも以前は主に若い男性の雑誌が多かったのが、現在では三〇代、四〇代、五〇代と各年代の男性に向けた雑誌がある。要するに、いよいよオジさんといわれる四〇代以上の男性も、生き方の選択肢が増えてきたということのあらわれなのだろう。

昔の男性の多くは、終身雇用の会社で定年までがむしゃらに働いて、それから囲碁だの将棋だの盆栽だのといった趣味を楽しんでいた。ところが、今はセミリタイアという言葉もあるくらいで、六〇歳まで仕事だけにしがみつくのが、男の生き方のすべてではない。

だから、中年男性のための多様な雑誌があって、「余暇をこんなふうに過ごしたらどうですか」という提案を読者に提供している。九時から五時まで働いたら、残りの時間を「趣味に使いましょう」というのも、選択として「それもありだね」という時代になってきたのではないだろうか。

近年、よく聞くのは、八ヶ岳とか軽井沢とか伊豆あたりに引っ越すという話である。かつては通勤沿線にマイホームを買って、いずれ二世帯住宅に建て替え、その家で余生を過ごすというのが、ひとつの典型的な人生だった。しかし、今は八ヶ岳に住む人あり、軽井沢に住む人あり、オーストラリアに住む人あり、である。

それは、世の中の見る目が変わってきたこともある。たとえば、友人の誰かからハガキがきて「八ヶ岳に住むことになりました」と書いてあっても、「あいつも変わり者だな」とは誰も思わない。「オーストラリアに住んで、こういう仕事をしようって決心したんだ」といっても「そういう人生もいいね」と世の中が認める。これが二、三〇年前だったら、変人とまではいわないにしても、「あいつも突拍子もないことをよくやるな。それで生活できるのか」だろう。

これは、言い方を換えると、価値観が大きく変わってきたということなのだ。

男の人生として、かつて「二四時間働けますか」という言葉があった時代は「社長になる」が頂点にあった。あるいは、社長になれないなら「自分で会社を作って、オレが社長になる」という生き方に価値があった。

ところが、今は「社長になる」ことに価値を置かなければ「この会社は楽でいいよね」ということになる。大企業になればなるほど、出世を諦めれば、「仕事は忙しくないし、交際費も使えるし、気楽でいいよ」という人がいる。そんな楽な会社を辞めて、自分で会社を立ち上げようなんて考えないのだ。

社長になるなんて野望は抱かない。出世しようなんて疲れる生き方はしたくない。だったら、仕事以外の時間を充実させよう。贅沢はしなくていいから、趣味を楽しもう。そういう思考をする男性が、もはや少数派ではなくなったのだろう。

こうした時代、趣味を持つということは、人生の選択肢を広げるということでもある。今は平均寿命が延びて、定年退職したらそこから人生が長い。

いかに人生の残り時間を過ごすか。四〇代になって、そう思い立ったときに、趣味を持つことで、可能性が大きく開けていくのだ。

「その後の世代」が大切にしたいもの

仕事や出世がすべてではないというふうに、社会的な価値観が変わってきたのは、世代による価値観の変化もかかわっているのではないだろうか。

僕らの世代は、戦後の高度経済成長を支えた親父の世代の息子たちである。

僕らは、常に一等賞を目指す親父の世代を見て育ったので、一等賞をとりたいという意識がないわけではない。だけど、その反面一等賞といっても「しょせんたいしたことではないな」という気持ちもまたどこかにある。

僕らの世代に思想がないのは、ひと回り上の団塊の世代があれだけがんばって、日本を変えようとして変えられなかったこともある。結局、親父の世代を見ても、団塊の世代を見ても、劇的に世の中を変えたわけではない。

だったら、「自分の人生を充実させよう」というのが僕らの世代なのだ。

つまり、日本を変えようとか、会社を大きくしようとかではなく、自分の人生を何とかしようという発想になる。僕たちの世代になって、はじめて「仕事より趣味を楽しんでもいいではないか」という気持ちが生まれてきたのである。

昔は国に命を捧げて、人々は戦争で戦った。そして、親父の世代は会社に命を捧げて、過労死するまで猛烈に働いてきた。その結果、郊外に家が建って、いくばくかの退職金をもらって、生涯を終えていく。親父の世代の人を見ていると「あれだけがんばって働いてもこれか」という思いが強くならざるをえないのだ。

僕らよりずっと下の世代は、もっと割り切っていて「社長になんかなりたくない」「官僚になんてなりたくない」「出世に興味なんかない」とはっきりいう。彼らは、僕らのように親父の世代の価値観にいっさい影響されていない。今の二〇代は、むしろ社会的地位とか名誉とかは面倒くさいものでしかない。

そう思うと、僕らの世代は中途半端な世代でもあるという気もする。

つまり、割り切っていない世代。親父の世代の悪いところ、団塊の世代の悪いところが見えていて、「じゃあ、おまえはどうするんだ」と問われている。その問いに、いまだ明確な答えを見つけていないのである。

僕らの下の世代は、もうはっきりと「仕事にがんばってもしようがないだろう、そんなのだるいよ」と言いきれる。上の世代はまだ「社会とはこういうものだ」「会社はこうあるべきだ」という思想を持っている。僕らは、どちらでもないのだ。

僕らは「その後の世代」と呼ばれている。

僕らが生まれたときは、戦争はとっくに終わっていて、大学に入った頃には安保闘争も学生運動も終わっていて、ビートルズが来日したときも覚えていない。すべて戦後の情熱みたいなものが冷めたあとに、思春期を迎え、青春時代を過ごしている。

いわば僕らは信じるものがない世代なのだろう。戦争という、国を守る大義を信じていない。革命が日本を変えると信じたこともない。かといって今の若い世代のように、信じるものがなくても別にいいじゃないか、という境地にはなっていない。

僕らが社会に出た頃は、高度成長も終わっていた。本田宗一郎とか松下幸之助にはなれっこないとわかっていた。ところが、下の世代は、ＩＴ企業をいきなり興してしまう。

僕たちがいちばん信じているものは、もしかしたら自分なのかもしれない。だからこそ、趣味を持って、自分を見つめたいと願うのかもしれない。

評判のレストランに行く女性の行動力

僕らの世代の男性は、今まさに働き盛り。仕事にまい進しながらも、このまま定年まで働き続ける人生でいいのかと揺れている人はたくさんいる。趣味があればいいなと考えながらも、なかなか始められない人もいるはずだ。

ところで、女性はどうかというと、女性は大いに趣味を楽しんでいる人が少なくない。主婦であろうが、仕事をしている人であろうが、趣味の教室は女性でいっぱい。そこは男性と大きく違うところだ。

原因はやはり、圧倒的に女性のほうが情報のアンテナが張り巡らされているところにある。どこにこういう趣味の教室があるとか、講座が開かれているとか、興味のあることをとらえるセンスは女性のほうがあるのだろう。

さらに男性よりも女性のほうが、行動力もある。たとえば、おいしいと評判のレストランがあっても、男性は「へえ、そんなレストランがあるのか」程度だが、女性は「行ってみたい」と思う。友達を誘って「いつ行く？」というところまでいく。

趣味を持つということは、行動しなければ始まらない。

男性は趣味を持ちたいといっても、内的要因と外的要因が組み合わせられないと、行動を起こさない。つまり「こういうことをやりたい」と思いついても、誰かに「こういう講座があるよ」とでもいわれなければ、趣味を始めるきっかけはつかめない。

しかし、女性の場合は、とにかく動いてみる。動いてまずやってみる。仕事をしていて、キャリアを積んでいる女性でも、すぱっと会社を辞めて、いきなり海外に何か勉強しに行ったりする。そこの行動力の差は大きいのである。

女性にとっての幸福の価値観がどこにあるかというと、日常に根ざしたものではないかという気がしている。

男性にとっての幸せは、どちらかというと現在ではなく将来にあったり、権力欲や名誉欲や金銭欲を満たすことだったりする。ところが、女性は今、自分が楽しいか楽しくないか。明日ではなく今日、充実した日を過ごしたいという気持ちに正直なのだ。

それは、男性よりも女性のほうが、年齢を強く意識していることもかかわってくるのではないだろうか。

女性が年を気にするのは、結婚、出産という期限つきの大きな選択をしなければいけないからかもしれない。だからこそ、この日、この時間、この瞬間を無駄にしたくないという思いが根本にある。最も大切なものは、仕事とか、地位とか、肩書きではなく、日常が連なる今このとき。したがって、仕事や子育てに忙しくても、とにかく行動して時間を作って、趣味も楽しみたいということになる。

だから、女性のほうがいろいろな趣味にチャレンジするのだろう。陶芸、語学、フラワーアレンジメント、ガーデニングなどなど。さまざまな趣味の教室が盛況なのは、女性の行動力があるからこそなのだろう。

妻の「休日朝九時」は見習うべきだが……

趣味にしても何にしても、現在の日本の消費経済を支えているのは女性である。

なにしろ、女性のほうが男性よりも、圧倒的に体力がある。どこへでも出かけて行くし、面白そうな情報があれば、即座に行動する。

そんな女性に比べると、男性は疲れている。

四〇代の男性といえば、朝七時に起きて、八時前に家を出て、九時に出社して、六時か七時に仕事が終わって、飲みに行って一〇時頃に家に帰ってくる。そのうえ、土日は接待ゴルフがあるかもしれない。

そうした生活を延々繰り返していると、疲れているのは当たり前。たまの休日は、ごろごろ寝ていたいとか、ぼんやりテレビで野球でも観ながら、ゆっくりビールを飲みたいという思考になる。休みの日に、朝六時とか七時に起きて、たとえば朝顔市に行こうなんて体力は男性にはないだろう。

僕なども、休日はできるだけ家にいたいし、もっといえば動きたくない。日曜はたいてい新聞や雑誌の連載の締め切りがあって、家で原稿を書かなければいけないというのもあるけれど、とにかく外出はしたくない。

ところが、妻は「どこそこにこういうレストランがあるから行かない?」という。僕が忙しいのはわかっているので無理強いはしないが、ひとりでもどんどん出かけて行く。行動力が違うのである。

彼女の予定を見ているだけでも疲れるほどだ。いや、もう、これは、すごい。

夏休みは、まず家族で沖縄に旅行して帰ってきて、その後すぐ湯河原に行って帰ってきて、妻と娘だけ鹿児島に行って帰ってきて、福井の実家に行って帰ってきて、翌日は朝早くから娘と「ディズニーシーに行ってくる」……。

僕が休日にこの妻の行動につき合おうとすれば、確実に過労死する。彼女は個展とか、単館ロードショーの映画とか、興味のあるものは必ず見に行く。彼女だけではない、いったいどこにそんな体力と気力があるのだというくらい、積極果敢に行動する女性は多い。

だから、土日の午前中、趣味の教室に通うなんていうのは、女性はできるかもしれないが、男性はなかなかできない。

僕は今、日曜の朝九時から陶芸を習いに行っている。これは朝早く起きるつらさより、陶芸を教わる楽しさのほうが何倍も大きいとわかったからできること。毎日、満員電車に揺られて通勤している男性は、「陶芸って面白そうだな」という興味があっても、「日曜の朝九時」と聞いたらやる気はなくなるのではないか。

たまたま目にした情報を「面白そう」と感じた瞬間、行動できるのが女性。行動力と好奇心は、趣味に不可欠な要素といえるだろう。

趣味を楽しむ妻を見たら幸せに思え

行動力と好奇心にまかせて飛び回る妻と、仕事で疲れきっている夫。男としては、あちこち出かける妻の行動をどうとらえるか。趣味に、旅行に、友達との食事にと、予定がびっしりの妻に対してどう思うか、という問題がある。

これは、結論からいえば、「どんどん出かけなさい」という夫でなければだめではないかと僕は思っている。

まあ、もちろん人それぞれなのだが、僕は妻が「どこそこに行きたい」といったら「行ってきなさい」と快く送り出す。仕事の予定を調整して、彼女につき合えないことはないけれど、そこまでしたら倒れてしまう。時間と体力があれば出かけたいが、正直、面倒だったりする。だから、「どうぞ行ってらっしゃい」と思うし「ボクは働いているのに遊んでばかり」などとは全然思わない。

昔気質の男性はどの年代にもいるもので、男は外で仕事、女は家庭を守るものだという人もいるかもしれない。そういう人は、妻が趣味だの旅行だの出かけるのを苦々しく感じるかもしれない。

だけど、僕にはそのような不満はなく、妻が外でいろいろ刺激を受けるほうが大事ではないかと考えている。別に格好をつけているわけではなく、妻が生き生きとしているほうが、自分も楽しいというのが、ごく自然な気持ちだろうと思うからだ。

おそらく、男性が妻の趣味などにあれこれいうのは、家庭に何らかの影響を及ぼしているから。つまり、趣味の教室に通って、食事を手抜きしているとか、子どもをほったらかしているとか、そういう事態になれば文句も出てくる。家事をこなしたうえで、趣味を楽しんだりするのは感性が磨かれるわけだし、そこで夫が「何でおまえは、そんなに出かけてばかりいるんだ」といってはいけないだろう。

だが、趣味が理由で妻が不平をこぼすのはおかしい。要は「それなら出かけなきゃいいではないか」というのが、男にとっては嫌なのではないかと推察する。趣味に旅行に出歩いて「疲れたあ」とぐったりしているなら「やめればいいではないか」と言いたくなる。毎日、家に帰って、妻の楽しそうな顔を見るのはいいが、疲れた顔は見たくない。

だから、夫の口から「オレは働いているのに、何でおまえだけ」という文句が出るのは、どこかにしわ寄せがきていることが多いはずだ。家事や育児にしわ寄せがなければいいし、また、いいと言える夫でなければいけない。

たとえば、おいしいものを食べたときに、「カミさんに食わしてやりたいな」とか「ダンナにも食べさせてあげたい」というのが夫婦愛というもの。

逆に、妻が「今日、友達とお昼にフグ食べちゃった」といったときに、夫が「オレは会社で弁当を食ってるのに、何でおまえだけ！」という夫婦は危ないだろう。

それと同じで、妻が趣味や旅行を楽しんでいるなら、夫としても嬉しいはず。「おまえが嬉しそうな顔をしているのは、オレも嬉しい」という夫婦でないとだめなのだ。

近頃は、主婦も趣味を生かし、仕事にして活躍する人も増えてきている。

それだって夫としては、できれば応援してあげたい。「おまえみたいな主婦にできるわけないだろう」と頭ごなしに反対するのは間違っている。

夫が反対するとしたら、それは自分がビジネスの難しさを痛感していて、素人がうまくいくわけはないと考えるからだろう。

妻が雑貨や陶器が好きで、店を出したいとする。そのとき、難色を示す男性が多いのは、妻が職業を持つのがいやだというのではなく、素人が無理だよと考える。店を出しました、売れましたなんてことはないと予測するからなのだ。

しかし、プロデューサーの立場で言えば、おニャン子クラブのような成功例はたくさん見てきている。怖いもの知らずの素人だからこそできる。素人の力を目の当たりにしてきているから「とにかく、やってごらんよ」と後押ししたい。

妻の幸せそうな顔を見ていたいということでいうと、仕事を始めて、楽しそうな妻を見ているのは夫も楽しい。見積もりを立てたり、業者と打ち合わせをしたり、妻が楽しそうであれば、何ら反対する理由はない。

もしも、そこで「理由はないが不満だ」という男性がいるとすれば、自分自身の人生や生活を見直したほうがよさそうだ。

「夫婦で共通の趣味を持とう」は余計なお世話

僕が思うのは、要するに夫婦といえども、それぞれ自分の人生があるということ。夫は夫で仕事や趣味にやりがいを見出し、妻は妻で自分のやりたいことや興味のあるものがあっていいのではないか、ということだ。

趣味にしても、中年になったとき、夫婦で一緒に何かを始めようというのがおかしい。それぞれが自分のやりたいことを考えてみたら、たまたま夫も妻も陶芸に興味があるというのはわかる。あるいは、ゴルフに夢中な夫を見ていたら、妻が自分もやりたくなったというのも理解できる。

だけど、はじめから「オレたちもいい年になったし、そろそろ趣味でも持とうか」というのは無理がある。

新聞や雑誌を見ていると、中年の夫婦に向けて「夫婦で共通の趣味を持とう」とか「夫婦で何かを始めよう」といった記事が出ている。

僕はこれを、はっきりいって余計なお世話だと思っている。夫婦といえども、性格も違えば、嗜好も違うだろう。そこで、何かを一緒にやること自体がナンセンスだし、長続きしないのではないか。「一緒にやる」を目的にして、共通の趣味を無理やり見つけても、楽しくないのではないかという気がする。

だから、四〇代くらいの夫婦が「一緒に趣味を始めたい」としているなら、そこのところを考え直したほうがいい。

男性でも女性でも四〇代くらいになって、「趣味を持ちたい」と願うようになるのは、自分の残りの人生に思いを馳せるからだ。

四〇代になると、自分の後半の人生について「どうしたら充実できるか」と考える。それは、夫婦が足並み揃えて暮らしてきたなかで、それぞれが別のことに顔を向けても、波風が立たない強さができているからだ。

二〇代、三〇代までは、夫婦が別のことに興味を持っていると、どことなく不安になったりする。だけど、四〇代になると、夫婦の絆は充分にできていて、趣味が違うところが、逆におたがいの魅力や関心になる。

妻が陶芸を習っているとしたら、夫はまったく興味はなくても、陶芸をやっている妻を「楽しそうだな」と微笑ましく見ていられる。釣りが好きな夫がいて、週末になると海や川に出かけて行っても、妻は「楽しんでらっしゃい」と送り出すことができる。四〇代にもなれば、そうした余裕が生まれるから、夫婦が違う趣味を楽しむことが成立する。

自分は何をやりたいか。それが最も大切なことなのである。

第三章 僕は趣味のギャンブルから人生を学んだ

ギャンブルには成長や上達がない

「あなたの趣味は何ですか」とたずねられたら、「趣味ってとくにないけど。強いていえば、パチンコかな」という人はかなりいるのではないかと思う。

パチンコ、競馬、競輪、麻雀など。そう、ギャンブルを「趣味」として楽しんでいる男性は、決して少なくない。

かくいう僕も、ギャンブルはかなり好きだ。競馬、麻雀、海外のカジノでギャンブル三昧と、のめり込んでいた時期もある。

ただし、「あなたにとって、ギャンブルは趣味ですか」と聞かれると、「そうです」とはいいがたい。今の僕にとって、ギャンブルは趣味とはいえない。

なぜか。理由は簡単。ギャンブルというのは、上手くならないからである。ギャンブルには、上達とか成長ということがないからだ。

たとえば、ビギナーの人と僕がルーレットで賭けても、どちらが勝つか負けるかは、そのときの運でしかない。二〇年以上のギャンブル歴がある僕と、ビギナーの人を比べて「秋元さんは、やっぱりルーレット上手ですね」とはいわれない。

これが陶芸だったら、僕が二〇年以上やっていたら、「さすがに秋元さん、きれいにできますね」といわれるだろう。

もちろん、陶芸だって正解はないから、素人が思わぬ斬新な作品を作ることもある。しかし、難しい袋もの、たとえば徳利や細い花瓶などは、今の僕がそうであるように、ビギナーの人にはなかなか作れない。二〇年間、陶芸を続けている人の作品と、ビギナーの人の作品を比べたら、技術の差は歴然としている。

ところが、ギャンブルはルーレットだろうが何だろうが、ビギナーの人と僕とどっちが上手いというのはないのである。趣味であるからには、成長の見えるもののほうが楽しい。ギャンブルは成長がないから、面白くないとわかったのだ。

臆面もなくいってしまうが、かつて僕は「もしかしたらボクは日本一のギャンブラーではないか」と心密かに思い込んでいたことがある。

しかし、「日本一のギャンブラー」なんてのは自称であって、今日初めてルーレットに賭けた人が、僕より勝ってしまうのがギャンブル。何年ギャンブルをやろうと、何らの成長もないし、「ギャンブル何級」とか「ギャンブル何段」といった称号もない。それがギャンブルが趣味にならなかった、いちばん大きな理由なのである。

だいいち、ギャンブルは陶芸のように、将来の夢が広がらないではないか。陶芸は、オレは陶芸家になれるのではないかとか、作陶展をいつか開こうとか、限りなく夢と希望が膨らむ。ギャンブルは夢中になっている自分の未来を想像したら、大勝して蔵が建っているとはとても思えない。スッカラカンになっているのがオチである。

だから、ギャンブルはいっさいやめた。……というわけはなく、実のところいまだ競馬でも麻雀でも、楽しんでいる。何だかんだいって、やめられない。それもまたギャンブルの面白いところなのである。

秋元流「負けない麻雀」の打ち方

僕が麻雀を始めたのは、学生時代のことである。麻雀といっても学生だから、仲間うちで勝った負けたと騒いでいただけだった。テレビゲームなど普及していない時代だったから、みんなで雀荘に行ってゲーム感覚で遊んでいたのだ。

本格的に麻雀をやるようになったのは、二二、三歳の頃だろうか。しょっちゅう放送作家の先輩に誘われて、それはもう、コテンパンにやられた。まるで赤子の手をひねるようにやられて、相当、鍛えられたのだ。

毎週、会議が終わると、先輩に「おーい、麻雀、行くぞ」と声をかけられ、「はーい」とついて行く。それが、行くたびに負けるのである。当時、月収の半分以上は麻雀でとられていた。毎週のように麻雀をやって負けるのだから、ひどいときは働いた分、ほとんど丸々給料をとられるような月もあった。

この当時は、勝負のスリルを味わうとか、楽しむなんて余裕はまるっきりない。ただ、もともとアルバイトでラジオの台本を書くことから始まったから、ギャラはあぶく銭だという意識が根本にあった。「こういうものだ」と納得していたので、何度負けても雀荘通いをやめなかったのだろう。

しかし、いつまでも負け続けるわけにはいかない。いやというほど痛い目にあって、あるときから僕は負けない麻雀を打つようになった。

負けない麻雀というのは、大勝はしないが負けもしない麻雀といえばいいだろうか。

これは、堅い麻雀とは違う。堅い麻雀をすると、必ず負けるのだ。麻雀は四人が最初に二万五千点ずつ持っていて、終了後には三万点からいくらマイナスになっているか計算するゲームである。だから、堅く何もしないで、二万五千点からプラスにしないと、マイナス五千点となり、負けてしまうのである。

僕のいう負けない麻雀とは、最後に計算するときに、負けていない麻雀を指す。麻雀の面白さというのは、人生と同じで、全勝できないところにある。全勝できないなら、牌を見て、「これはあがれないな」と判断したときは、あがらない打ち方をする。そして、「これはあがるチャンスだ」と見たときは、攻めるのである。

麻雀は人生と同じく、流れを見ることが重要だ。「ここは三着でいい」とか、「ここは四着でいいけれど、このくらいのマイナスで終わっておこう」とか見極めなくてはいけない。そして、最後に「いくら勝ちました」というのが、負けない麻雀なのだ。

若い頃に高い授業料を払って、僕は負けない打ち方を学んだのだった。

競馬は予想すること自体が楽しい

僕のギャンブル歴は、麻雀から競馬へとはまっていく。

競馬をやるようになったのは、三〇代になってから。三〇代になった頃、まわりに競馬好きな人間がたくさんいた。番組の収録の合間に、みんなで競馬新聞を見て「ああでもない、こうでもない」と検討するのが面白かった。

競馬の場合、八割くらいの人は、お金を賭けて、勝った負けたというのが好きな人なのではないだろうか。

あとの二割は競馬の予想が好きな人。こちらは、サラブレッドは世界に七頭しかいなくて、その七頭が掛け合わされて……というところからはじまって、このお父さんとお母さんの馬だからどうだと予想する。それほど大きく賭けることはせず、予想を考えている時間が楽しいのだろう。

僕はといえば、どちらも好きである。勝った負けたも、予想をするのも楽しい。

競馬の予想が楽しいのは、人間には自分の考えが正しいということを証明したいという欲求があるからだと思う。

僕の仕事には正解がない。弁護士資格があるわけでもないし、国家医師免許があるわけでもない。自称放送作家であり、自称作詞家でしかない。あやふやな肩書きで仕事をしていて、どうしたら視聴率がとれるかと常に考えている。こうしたらとれるという確固たる法則がない中で、正解を探している。

競馬もそれと似ているのである。たとえば、馬体重がこれだけ減っているのは、輸送で疲れているのではないか。前回走ったときから、日数が空き過ぎではないか。あるいは、放牧明けで、いきなり鉄砲走りはしないだろう。そうやって馬の状態を見て、さまざまな角度から分析していくのだ。

競馬ももちろん正解はない。人間の気持ちだってわからないのに、馬の気持ちがわかるわけはない。どんなに分析しようが、馬だって、今日は走る気がしないなと思っているかもしれないし、そこまでは読めない。その正解のないものをあれこれ予想し、自分なりの答えを見つけて勝負するところが、仕事と共通していて楽しいのである。

競馬には通常一二レースまである。僕は一二レース全部賭ける。それは自分の考えや予想が、正しいことを確かめたいからなのだ。

椅子をギリギリまで倒す楽しさ

人はなぜギャンブルに熱くなるのか。それはたぶん、ハラハラドキドキする勝負事に非日常の刺激や危険を求めているからではないだろうか。

たとえば、小学生が教室で椅子に座って、ひっくり返りそうになるまで後ろに倒す。ギャンブルはあれと同じで、倒れるかな倒れるかなとハラハラしている瞬間が快感なのである。

人はみな、予定調和やマンネリを嫌う。昨日とは違う、思いがけないハラハラドキドキワクワクするような出来事が起こらないかと願っている。それでいて、人はみな、わがままだから、マンネリの気楽さに浸っていたい気持ちもある。

つまり、安全で楽な日常にいながらにして、日常から脱却する気分を味わえるのがギャンブルなのだ。

小学生が教室で椅子に座って、先生の話を聞いていれば、昨日と違う今日でしかない。だけど、椅子をギリギリまで後ろに倒すことで、その瞬間はドキドキ感を味わえる。大人がギャンブルをやりながら「勝てるかな」とドキドキするのは、子どもが「倒れるかな」と椅子を揺らして遊ぶのと同じなのである。

だから、ギャンブルは椅子が倒れそうな瞬間が楽しいのだ。

人はギャンブルをしているとき、まだだいじょうぶ、まだいけると思いながら、もっと危険になりたいという欲望がある。百万円持っている人がいるとしたら、一万円分の馬券を買っても楽しくはない。百万円全部を注ぎ込んで、当たれば数千万円になるというのがドキドキするのである。なけなしの一万円で競馬をする人は、百円の馬券を買ってもスリルは感じない。この一万円がなくなったらと想像するから、ハラハラするのである。

けれども、そこが破滅への入口でもあるのだ。

ギャンブルにのめり込む人は、たいがい百円から始めている。ところが、だんだん百円が千円になり、五千円になり、一万円になっていく。

ギャンブルで生活を破綻させるとすれば、椅子の倒れ具合がわからないのである。要するに、どこまで椅子をのけぞらせたら、ひっくり返るかがわからない。ひっくり返る寸前がいちばん気持ちがいいから、極限までスリルを求めて、気がついたら椅子ごともんどりうって倒れているのだろう。

おそらく、人間はみな、平穏な日常を送っていると刺激がほしくなるのではないか。ギャンブルというのは日常の中の香辛料だから、料理に「もうちょっと刺激がほしいな」と思って、胡椒や唐辛子をかけるようなもの。でも、かけ過ぎると舌が麻痺して、辛さをだんだん感じなくなる。もっと、もっとと香辛料をかけてしまうのが、ギャンブルの落とし穴なのである。

しかも、ラスベガスのカジノなどは実によくできている。あらかじめコインを買って、そのコインで賭けるから恐怖感はあまりない。子ども銀行のお金で遊んでいるようなものなので、精算するときに「こんなに負けていたのか！」とがく然とする。

僕もロケでラスベガスに行ったとき、落とし穴にはまったことがある。しまいにはスタッフをつかまえて「金、貸してくれ！」。こうなると、ほとんど酒乱の親父である。酒代ほしさに、奥さんに「子どもの給食費、出してくれ！」と叫んでいるみたいな……。

いや、まあ、だから僕もギャンブルについては、偉そうなことはいえない。ただ、人は痛い目にあわないとわからないということだけは、たしかである。

必勝法は少ない可能性に賭けること

ギャンブルには、基本的に「こうしたら勝てる」という法則はない。「必勝法」とか「攻略法」とかいうが、最終的に勝負を決めるのは運である。

それでもあえて真剣に「勝ちたい！」と思うのであれば、ここぞというときに大きく勝負をかける。運に賭けて、勝負に出る。勝つ方法は、たぶん、それしかない。

たとえば、ラスベガスのカジノでルーレットをやるとしよう。

アメリカのネバダ州には、カジノを管理する委員会があり、確率論で計算されていて、期待値はこれ、配当はこれ、コミッション（手数料）は何パーセントと決まっている。

すると、ルーレットで賭けるにしても、そのルーレット台が壊れない以上、年数が経てば経つほど計算された確率にどんどん近づいていく。一が出る確率も、三が出る確率も、やればやるほど平均化していくのである。

だけど、僕がラスベガスにいる間に、確率が偏る可能性がある。ここが肝心なのだが、三日間、僕がラスベガスにいるとしたら、そのときだけある数字が何度も出ることがありえる。この可能性に賭けない限り、ルーレットは勝てないのである。

少ないお金で、あっちに賭け、こっちに賭け、普通の確率でやっていると勝つことはできない。安全策でいくと、カジノは五パーセントなり七パーセントのコミッションをとっている分、やればやるほど負けるようになっている。

となると、自分の思い込みを信じるしかない。事務所のスタッフとラスベガスに行ったとき、スタッフのひとりが少ない額で賭けて負け続けていたので、「もっと大きく賭けろ」と言ったことがある。ちょっとずつチマチマ賭けて楽しいならそれはそれでいいけれど、それでは負けは見えている。「絶対にこれがくる！」と決めて「これがきたら今日の自分は勝ち！」というふうにしないと、勝てっこないのである。

たとえば、三泊の日程でラスベガスに行って、ルーレットで遊ぶとしたら、たいていの人は少額で何度も賭けて、三日間楽しむのだと思う。

しかし、三日間、百円ずつ赤、黒、赤、黒と賭け続けていくと、結局「一〇万円すっちゃった」ということになる。だから、勝ちたいなら、一〇万円を赤か黒にどんと置くしかない。極論をいえば、これしか勝つ方法はないのだ。

もしも、本気でルーレットで大勝したいなら、ここぞと思ったときに赤か黒に賭けるほうが、勝つ確率は高いだろう。

だけど、たいていの人は、一〇万円をいっぺんに失いたくはないと思う。最初の日に全部すってしまったら、あと二泊何もしないで遊べないのはつらい。だから、みんな百円ずつ、あちこちに賭けるわけだけれど、それでは勝てないのである。

当たり前の理屈なのだが、勝てるときは勝てる、負けるときは負けるというのが、ギャンブルの基本なのだ。

ひとつ負けて、今度はこっち、今度はあっちと少しずつ賭けていっても、勝てるときは勝てることもあるかわり、負けるときは負ける。何度も賭けて、コミッションをそのたびにとられれば、どんどん負けがこんでいく。

だから、ここぞというときに勝負したほうが、まだ勝つ可能性は高い。それも早い段階で大金を賭けたほうが、コミッションをとられていない分、目減りしていないから結果として勝てるということになるのである。

カジノで一攫千金を狙うなら、大きく賭けるしかないのだ。

真のギャンブラーには強い精神力がある

競馬にしろ、麻雀にしろ、カジノで遊ぶにしろ、普通、ギャンブルをやるときはゲームとして楽しむ人がほとんどだろう。

しかし、なかには本気でギャンブルに挑んでいる人もいる。つまり、真のギャンブラー。プロの博打《ばくち》うちもいるのである。

素人がギャンブルを本気でやろうと思っても、それほど甘いものではない。ギャンブルは運が左右するからといって、もうどちらでもいい、思いついたほうを張っていこうとすると、必ず負ける。ギャンブルは運だが、その運という実態のないものをとらえる能力がなければ、真のギャンブラーにはなれない。

真のギャンブラーとは何かというと、異常なまでの自制心のある人間のことである。自分の感情を制することができる、強い精神力を備えた人のことなのだ。

人間には、目に見えないバイオリズムというものがある。

バイオリズムというのは、麻雀が好きな人ならわかるだろう。たとえば、麻雀を打っていて、その日はかなり調子がいいとする。ところが、突然、誰かがビールをこぼした瞬間に流れが変わる。それまで調子がよかったのに、ビール瓶を倒したがゆえに、バイオリズムが悪くなってしまうのである。

真のギャンブラーは、そこで流れが悪くなったことを瞬時に気づく。本気でギャンブルをやっている人は、バイオリズムの変化を察知することができるのだ。

いや、普通の人でも、流れが悪くなったなというのはわかるだろう。しかし、人間は感情や欲望があるから、流れが悪くなったとわかっていても、さっきまで勝てていたのにと焦って、さらに攻めに出てしまう。普通の人は、そうやって感情や欲望に押されて、負けていくのである。

そこで攻めずに引くことができるのが、真のギャンブラーの真骨頂ではないだろうか。

バイオリズムが下降し始めたときに、勝ちたいという感情や欲望を制することができる。自分がツイていないと感じたときに、どれだけ引けるかが、ギャンブルにおいては最も重要なことなのだ。

僕が思うに、真のギャンブラーは、本当はギャンブルなど好きでないのではないか。あるいは、ゲームが好きではないのだと思う。

僕はやはりゲームが好きだし、予想をするのが楽しい。ルーレットなら、ずっと二五とか三六とかにきているから、そろそろ真ん中にくるはずだと考えるのが面白い。だから、自分のバイオリズムは下降しているなとわかっていても賭けたくなってしまう。今度は七がくるはずだと思うと休めないのだ。

真のギャンブラーは、自分の感情を制して、そこで賭けないでいられるのである。今はバイオリズムが悪いから、ブレイクタイムにしよう。これができる人は、真のギャンブラーになれるだろう。

残念ながら、僕にはそんな強い精神力はない。自分が仕事で流行とかブームとか、実態のないものを追いかけているから、予想したり推理するのが楽しい。こういう曲はこれくらい売れるはずだとか、こういう番組を制作したら視聴率はこれくらいだというのと、ギャンブルの予想は似ているところがある。

僕には、自分の予想の結果を知りたいという欲望を制することはできそうもない。

破滅への境界線はどこにあるのか

僕はギャンブルをゲームとして楽しんでいる。ときには、かなりの額を賭けることもある。しかし、あくまでゲームであるから、そこで負けても後悔はしない。そのとき自分は、日常では味わえないスリルを買っていたと思うからだ。

ただし、スリルをお金で買うと、下手をすれば破滅へと向かっていくこともある。

そこで、ギャンブルという危険をともなう遊びが破滅へと向かう境目はどこにあるのか、という問題になる。

ひとつは、負けて失ったお金を取り返そうとするかどうか、ということがあるだろう。

『越境者たち』（上・下　森巣博著　扶桑社刊）というギャンブラーについて書かれた本がある。その本の中で、「負けた金を取り返そうと思わない」という意味合いの言葉があった。非常に感心したのでよく覚えている。

ギャンブルで破滅に至る人は、なくしたお金を取り返そうとするから、地獄に落ちていく。真のギャンブラーは、元金を失っても、取り返そうとはしない。今日使うのは一〇万円と決めたら、一〇万円がなくなった時点で帰る。運よく勝って一〇万が倍額になっても、一〇万を使いきった時点で帰る。一〇万円をなんとか取り返そうとして悪あがきをしたり、欲をかいてもっと稼ごうとはしないのである。

たとえば、ラスベガスに三日間いるとして、一日目で大きく負けたということは、そのときに運がないということなのだ。なのに、一日目の負けを二日目で取り返そう、二日目の負けを三日目で取り返そうとするから、結局は三日分の負けを背負って帰ることになる。一日目で負けたら「今回はツイていない」ときっぱり諦めて、二日目、三日目はやらなければいい。そう達観できるかどうかが境目なのである。

だから、いちばん安全なのは、自分にとって影響のない額で遊ぶことだろう。影響のない額ではスリルは味わえないが、ギャンブルの場の雰囲気が楽しいと感じているくらいがいい。ギャンブルで破滅していく人は、スリルの度を越していく。負けた分のお金を取り返そう取り返そうとして、深みにはまっていく。結果、生活に影響を及ぼすまで賭けていくから、境界線を踏み越えてしまうのである。

もしも、「自分の趣味はギャンブルだ」という人が破滅に陥りたくないなら、趣味の範囲を越えないようにしなければいけない。

それはどういうことかというと、日常生活に影響があってはいけない。徹夜で麻雀をやって、翌日、会社でボロボロになっていたら趣味とはいえない。日常の中の余暇で楽しむのが、趣味としてのギャンブルなのだ。

要は勝っても負けても、今日はここまでというけじめが必要なのだろう。

借金さえしなければギャンブルは趣味になる

僕の二〇代後半から三〇代前半くらいまでは、最もギャンブルにはまっていた時期である。収入も増えていったし、比例してギャンブルに使う額も増えていった。

三〇代になって結婚するまで、仕事で得た収入はあぶく銭だという意識だったので、ギャンブルで大負けしても後悔はしなかった。

といっても、大金をすっても全然かまわないというわけではない。二〇年以上ギャンブルをやってきて、僕が学んだ教訓のひとつに、「借金をしてはいけない」ということがある。ギャンブルで負けて借金をしてはだめなのだ。

ギャンブルを単に趣味としているなら、借金だけは絶対にしないほうがいい。なぜなら、ギャンブルにお金を費やしても、何も残らないからである。

これが、他の趣味だったら、お金をかけても残るものはある。ゴルフを趣味にしている人がローンで高いクラブを買っても、陶芸を趣味にしている人がお金を借りて窯を買っても、それが後に残る。しかも、クラブや窯のローンを払っているときには、別段つらいわけでもなく、楽しい借金といえるだろう。

ところが、ギャンブルだけは借金をしたら、負けた思い出しか残らないのである。負けた悔しさや虚しさが、記憶に刻まれるだけなのだ。

それと、何よりも、ギャンブルで借金をするということは、借りたお金がどんどんかさんでいく危険性が高い。

たとえば、昔はお金を借りるとしたら、質屋しかなかった。

質屋は質草がなければ、お金を借りることはできない。質草を入れるということは、仮に返せなくなっても、質草が流れるだけで、お金を返す必要はない。ところが、今は質草がなくても、いくらでも借金をすることができる。だから、学生が何百万も借金して、自己破産するという事態になるのである。

つまり、形のないものは怖いのだ。他の趣味と違って、ギャンブルには形になるものが残らない。だからこそ、借金だけはやめなさいといいたい。

趣味としてギャンブルを楽しむなら、手持ちのお金で賭けること。手持ちのお金がなくなったら、その時点でやめること。そして、また手持ちのお金ができてから遊ぶこと。借金さえしなければ、ギャンブルは充分に趣味になる。

僕も地獄の底が半分見えていた

正直にいうと、ギャンブルで借金をしてはいけないという鉄則は、僕自身が借金をした経験からお話ししている。

僕もカジノでギャンブルをするときは、ここまでは負けてもいいと決めている金額がある。しかし、その額を実際にすってしまうと、取り返そうとして、どんどん深みにはまってしまう。それで、借金をするという結果になるのだ。

借金といっても、消費者金融から借りるわけではない。自分の事務所に借金をするわけだが、それでもやっぱり自慢できる話ではない。

深みにはまって借金をすると、なんというか、地獄の底が半分見えているようなものだ。破滅への境界線を踏み越えそうになっている。境界線ギリギリのところで、われに返り、どうにか踏み止まることができたことは何度かある。

だから、繰り返していうが、ギャンブルで借金をしてはいけない。

ギャンブルで借金をすると、ギャンブルで取り返そうとする。競馬で負けて、サラ金から借りたら、そのお金をまた競馬につぎ込んで返そうとする。なぜなら、膨れあがった高利の借金を、日常のまっとうな仕事で働いて返すのは不可能に近いからだ。そうして、破滅への道をまっしぐら、となる。

破滅への道に踏み込みたくないなら、失っても困らない範囲のお金でギャンブルをすることである。

たとえば、競馬が好きな人が、手持ちのお金がない。そこで、サラ金から借りて賭けたが、負けてしまった。すると、その借りたお金は、当たり前だが、返さなくてはいけない。これが、自分の手持ちのお金で賭けたなら、たとえ負けてもそこで終わり。仮に五万円すったとしても、おいしいものを食べに行ったか、飲みに行ったと納得すればいい。負けても、あとは自分の割り切り方の問題なのだ。

とにかく、競馬にしても麻雀にしてもカジノに行くにしても、手持ちのお金というのは、自分で作ったお金なのである。

自分で作ったお金、あるいは自分の貯金から出す分には、いくら出そうとかまわない。それは貯金がマイナスになっただけで、返す必要はない。しかし、借金してギャンブルをしたり、負けて借金した場合、借金は返すまでつきまとってくる。

ギャンブルを趣味にするとしたら、まずある程度のお金を貯めるべきである。貯めたお金で賭ける。それは、失っても割り切れるお金だからだ。

ギャンブルで破滅するいちばんのポイントは、借金をするかしないかである。

負けても「楽しかった」と思えるギャンブルをすべき

ギャンブルで負けると、多くの人は後悔をするものだ。ことに自分にとって少なくない額のお金をつぎ込んだときは、「なんでこんなに使ってしまったのだろう」と悔いる。

ここが借金、破綻への分かれ道なのである。

後悔しても「しょうがないな」と諦められればいい。ところが、往々にしてギャンブル好きの人は、失ったお金に対して諦められない。諦められないから、取り返そうとする。取り返そうとするから、また大きなお金を賭ける、というスパイラルに陥る。

たとえば、麻雀を三回やって負けたとする。で、借金をして、また麻雀をした。そういう人は、三回分の負けを、三回の麻雀で取り返そうとはしない。三回分の負けを、いっぺんに取り返そうとするから、賭ける金額が多くなる。これで負けると、今度は六回分の借金になるのである。

だから、あくまでギャンブルを趣味でやるなら「諦められるお金でやりなさい」ということもいえるだろう。

負けても「まあいいや」と諦められる額。「今回は使い道が違ったんだ」と思える額なら、借金してまで取り返そうとは思わない。

しかし、諦められない額のお金をなくすと、取り返さずにはいられなくなる。そうして借金をして、借金を返すためのギャンブルをすると、もっとハイリスク、ハイリターンの賭けに出てしまう。そこで勝てればいいが、勝つ確率は高くはない。そこで勝てるほど、ギャンブルというのは甘くはない。

世の中には、親類縁者や友達に借金をして、踏み倒す人間もいる。

そういう人は、最初から騙しとるつもりはなかったはずだ。ちょっと借りただけで、ギャンブルで当たったら返すはずだった。けれども、ギャンブルで借金したお金を、ギャンブルで返すことはできないのである。

たぶん、そうなると、そういう人の心理は「やらなければよかった」と思うのだろう。「やらなければよかった」と後悔するようなギャンブルはしてはいけない。負けてなお「楽しかった」と思えなければ、ギャンブルをしてはいけないのである。

僕は負けたとき、「銀座のクラブで飲むわけではなし、まあいいか」と納得している。楽しかったと思わなければ、ギャンブルをやる意味はないのだ。

僕が生活破綻者にならなかった訳

僕もギャンブルについて、ああだこうだとわかったようにお話ししているが、実際ずいぶん痛い目にあってきた。麻雀、競馬、ルーレット、ブラックジャック、バカラと、かなり大きな負けを経験している。

その経験から得たものは、「ギャンブルは勝てない」という結論である。どんなに場数を踏んでも、負けるときは負ける。何年ギャンブル歴を重ねようと、全勝はできない。だから、ギャンブルの場は、勝つための場所ではなく、楽しむための場所。ようやく、僕も達観できるようになった。

僕が痛い目にあって、それでも生活破綻者にならずにすんだのは、ギャンブルに使うお金と失うお金のバランスを比較するようになったからである。

ギャンブルでお金を賭けるときは、自分が稼げる額と、負けてなくす額のバランスを頭に置いておかなくてはいけない。僕も「あっ、これ以上負けると、取り返すためには、これだけ働かなくてはいけない」という思いがよぎる。そう思うと、取り返すために、お金をつぎ込むというギャンブルはしなくなった。

生活破綻者になってしまう人は、その多くがサラ金から限度額を借りるのではないか。しかし、これでは、「この額なら返せるだろう」という限度額を決めるのが、サラ金任せになる。サラ金会社はいろいろなデータから限度額を算出するわけだが、そのデータが的確かどうかはわからない。その人は他のサラ金からも借金しているかもしれないし、借金したお金をまたギャンブルに使うかもしれない。

だから、「ギャンブルで借金をしてはいけない」という理由は、借金できる額と返済できる額は、必ずしも一致しないというところにある。たいがいは、借金できる額のほうに、バランスが傾いているのだ。

僕は毎年のように正月はラスベガスやロサンゼルスやバハマに、事務所のスタッフと行っていた。そして、毎年のように負けていた。負けて、「よし、今年も負けた分、がんばって働こう」と決意していたのだが、そもそも「負けた分を返すために働こう」という発想が間違っているのである。

僕もだんだん年齢を重ねるにつれて、考えるようになった。ギャンブルをやっている最中はたしかに楽しい。しかし、負けると、夜中にタバコの吸い過ぎでフラフラになりながら、それでも原稿を書かなければいけない現実が待っている。それを天秤にかけると、ちょっと苦しいなと感じる年になったのかもしれない。

ギャンブルでお金を失えば、返すのは楽じゃない。そこのところがわかっていれば、生活破綻者になることはないだろう。

趣味で生活費を侵食するべからず

趣味としてギャンブルを楽しむとしたら、ギャンブルというのは、お金のかかる趣味である。言い換えるなら、お金をかけようと思えば、いくらでもかけられる。

しかし、養うべき家族がいる、妻や子どものいる男性にとって、趣味のギャンブルにいくら使ってもいいというわけにはいかない。

僕も麻雀や競馬で負けて、家に帰って娘の顔を見ると、罪悪感めいたものを感じないわけではない。

ただし、困ったことに、ギャンブル好きの人間は、すぐに痛みを忘れてしまうのだ。負けたときは、二度とギャンブルなんかやるものかと思うのだが、しばらくすると今度は勝てそうな気がしてくる。そして、また賭けて、勝ったり負けたりの繰り返しになる。やがて下手をすると、収入をどんどんつぎ込むことになるのである。

僕個人の意見としては、趣味で生活費を侵食するのはどうかと思う。

もしも、際限なくギャンブルにお金をつぎ込んで、生活に支障が出たとしたら、それはやはり考えたほうがいいのではないか。

これはギャンブルだけに限らず、趣味全般にいえるだろう。ある人は自分の趣味にはまって、給料のほとんどを使ってしまう。そのとき、生活費を侵食したとしたら、侵食された分は働かなくてはいけない。妻に渡す収入が、趣味に使うことによって減ってしまうのは、夫として約束違反になる。

人間は働かなくては生きていけない以上、趣味は仕事とのバランスをとることで成り立っている。そのバランスは人それぞれである。

生活全体の価値基準において、たとえば趣味が三〇パーセント、仕事が七〇パーセントの人がいる。しかし「いや、オレは仕事だ、出世だ、貯金だとそんなことに煩《わずら》わされたくない、趣味や自分の時間を大切にしたい」という人もいる。なかには、趣味が七〇パーセント、仕事が三〇パーセントの人もいるのである。

だから、「オレは趣味を優先させる生き方をしたい」という人は、それを理解する女性と結婚すればいい。極端な話、「ギャンブルが三度のメシより好きだ」という人は、月給の七〇パーセントくらいをギャンブルに使い、「それでもいい」という女性を妻にするべきなのだ。そんな女性がいるかどうかわからないが。

けれども、月給の七〇パーセントを妻に渡し、三〇パーセントの小遣いでギャンブルをしていたのが、負け続けて、七〇が六〇になり、五〇になりというのはいけない。六〇になり、五〇になりと減っていった時点で、補う努力をしなくてはいけない。残業をするなり、副業を探すなりして、七〇のラインをキープする義務がある。

僕がもしもサラリーマンで、趣味にお金をつぎ込んでしまったとしたら、妻に「ごめんなさい」と謝って、足りない分を補うために倍働くだろう。

家族のある男が、趣味にお金をかけること自体は悪いことではない。生活費を侵食して、補塡する努力をしないのがだめなのだ。

ギャンブルから学んだ「人生勝ち越し」理論

ギャンブルは、僕にいろいろなことを教えてくれた。

そのひとつが「勝ち越し理論」である。

ギャンブルはどれだけ経験を積み重ねようと、すべての賭けに勝てるようになるわけではない。つまり、全戦全勝することはできない。だから、「勝ち越しできればいい、引き分けでもいい」と考えなければいけない。なぜなら、全勝しようとすると、ツキがないときも攻めなくてはならず、焦りはさらなる負けを呼び込んでしまうからだ。

これは、人生も同じではないだろうか。

僕は二〇代の頃、仕事で作るものが次々と当たっていた時期がある。作詞にしても、ずっとこのまま全曲売れるのかなと思っていた。

しかし、自分の作詞した曲が、全曲売れるなどということはありえない。詞を書けば書くほど、売れない曲が出てくるのは当然である。

そのとき、僕は「全勝はできないのだ」ということに気づかされた。そうか、人生もギャンブルと同じなんだ。どんなに調子が良くても、それが永遠に続くことはありえないし、全部勝つことなどできないのだ。

そう思うと、年齢を重ねるにつれて、全部勝とうとしていた気負いがなくなっていった。年をとるごとに、全勝できると確信していた生意気さや、人生をなめていた部分みたいなものが、はがれ落ちていったような気がする。

全勝はできない。だから、勝ち越せればいい。そういう意識で仕事にとり組むと、もっと思い切ったことができる。一〇回勝負するうち、六回勝てればいい。四回負けてもいいんだと考えれば、ゆとりができて楽になれるし、人にもやさしくなれるのである。

僕がテレビやラジオの世界で、三〇年近く仕事をしてこられたのは、全勝はしていないけれど、打率がいいからではないかと思っている。

野球選手だって、七割失敗しても、三割打てれば三割打者になれる。僕らの仕事は、勝ち越すことができれば、六割打者、七割打者になれる。

だから、大切なことは全勝することではなく、勝ち越すことなのだ。勝ち越せれば、次の仕事、先の仕事がやりやすくなる。だからこそ、常に勝ち越しを目指したいし、そのためにはたとえ全部が当たらなくても、与えられた仕事はすべて全力でやっていこうと思っている。

僕はこの「勝ち越し理論」をギャンブルで覚えた。「人生勝ち越し」というのは、今や僕の座右の銘である。ギャンブルではずいぶん痛い目にあったが、痛い目にあっただけ、得がたい教訓を学ぶことができたのである。

第四章 趣味探しとは自分の価値観探しである

間食ばかりでは味はわからない

僕も四〇代半ばになり、ふと振り返ってみると、これといった趣味のない自分に気づいた。そして、自分がまったくやったことのない陶芸にチャレンジしてみたくなった。かくして陶芸という趣味が、僕の人生に加わったのだ。

僕くらいの年齢になると、「そろそろ何か趣味を始めたい」と考える人は決して少なくはないはずだ。四〇代になってから、休日は趣味に時間を費やすようになった人もたくさんいるだろう。

そこで、自分に合った趣味とは何か、ということについて考えてみたい。

四〇代になって趣味を始めるということは、自分は何をやりたいか、何が好きなのかをあらためて見つめ直すことに他ならない。

しかし、ここで壁にぶつかる人もいる。まじめに仕事に励んできた人ほど、まっさらな状態で自分の気持ちを見つめることができにくい。「趣味とはこうあるべきだ」という理屈が先に立って、自分がやっていて楽しいことがわからないのだ。

なかには「何か趣味を始めたい」と考えつつ、「何をやればいいのかわからない」という人もいるのではないだろうか。これまで日常の忙しさに追われ、いざ趣味を持ちたいと考えても、何がやりたいのか見えないのかもしれない。

そして、いろいろな趣味に手を出したあげく、どれも「いまひとつ合わない」ということになる。あちこちの趣味の教室に通ってみたり、道具や教材を買ってみても、面白くないと感じてしまう。

これはやはり、理屈で考えすぎて、自分にとって本当に楽しいことは何なのか、見極められないからなのだろう。

この年になったら、趣味のひとつも持ちたい。休日は趣味を楽しむ自分でありたい。仕事だけでなく、趣味を持ってゆとりのある時間を過ごしたい。そういった観念にとらわれると、自分が本心から楽しめることを見つけられない。

テレビのコマーシャルや、新聞、雑誌の広告には、趣味を楽しむお父さんが登場する。休日に料理を作ったり、絵を描いたり、アウトドアでキャンプをしたり、釣りをしたりしている中年男性の姿が映し出される。

現代は情報過多の時代である。この時代、無意識のうちに「休日はこういう過ごし方をすべきではないか」とか「中年世代にはこういう趣味がふさわしいのではないか」という情報が刷り込まれ、いろいろ趣味をやってみようとはするが、実際にやってみると、本音では「あまり楽しくない」ということになる。

あるいは、いろいろな趣味にチャレンジして、自分では楽しいような気がしている人もいるだろう。またあるいは「多趣味な自分」に満足しているだけなのかもしれない。

あれこれ趣味に手を出すが、どれもしっくりこない。それは、間食ばかりしていて、本当に食べ物がおいしいかどうか味がわからなくなっているようなもの。気持ちが間食ばかりしていて、自分に正直になれなくなるのだ。

だから、たかが趣味といえども、まずは自分の心に正直になることが大事なのではないだろうか。

僕も最近ゴルフをやらなくなったのは、あまり面白くないなとわかったからだ。まわりのみんながゴルフをやっていて、人からも勧められて、ゴルフをやってみた。しかし、みんながやっているからとか、やっていて楽しいような気がするとか、ゴルフができる自分でありたいとか、そういう意識で始めたものは続かないのだ。

夢中になれる趣味を見つけたい。そう考えている人がいるとしたら、自分は何が楽しいのか、何が心地いいのか、本心の声を聞いてみたほうがいい。

自分の価値観を検証してみよう

人は誰でも、年をとれば分別がつくと信じている。三〇代、四〇代、五〇代と年をとれば、経験から正しい判断ができるとみなが思っている。

趣味を始めるにしても、この年になっていまさら情報に踊らされたりはしないと確信している人はたくさんいる。浮ついた若者ではあるまいし、自分の意思で趣味を選択できる、という人は多いだろう。

しかし、本当にそうなのだろうか、と僕は考える。

ラジオやテレビや新聞、雑誌が社会に普及するようになってから、いつの時代も人は情報に惑わされてきた。情報だの流行だの、それらの送り手として仕事をしている立場からいうと、人はいくつになっても世の中に流されがちなのだ。

たとえば、今四〇歳の人が、趣味を持ちたいと思ったとき、囲碁や盆栽をやろうとするだろうか。たぶん、大部分の人の頭の中には、囲碁や盆栽は選択肢として存在しない。今時、囲碁や盆栽でもなかろうと閉め出してしまっているのだ。

そして、人は何を始めるかというと、パソコンだの楽器だの英会話だのを習い始める。テレビが中年層の人の間で仏像巡りが流行っていると報じると、問い合わせが殺到する。それは、紛れもなく、情報にとらわれているからなのだ。

だから、趣味を始めたいのであれば、自分は何が楽しいのかを、もういちど見直す必要があるのではないだろうか。

人間、四〇歳にもなれば、人生の教養課程は修了しているのである。あとは専門過程で、自分が本当にやりたいことをすべきだと思う。

たとえば、休日になると、仏像巡りのツアーに参加している人がいるとする。その人は、仏像巡りが流行っているから参加しているのか。それとも、仏像を見るのが好きなのか。そこを自問自答しないと、無駄な時間を過ごすことになりかねない。

あるいは、パソコンくらいできないと不便だろうということで、パソコンの教材を買ってくる人がいる。その人が本当に向いているのは囲碁かもしれない。なのに、「趣味」のパソコンで四苦八苦しているのが現代の中年の人々なのだ。

四〇代になって趣味を持つということは、「何々をしなければならない」から「何々をしたい」に転換することに意味があるのではないだろうか。

二〇代は仕事を覚えて、経験を積んでいかなければならなかった。三〇代になると家族もできて、背負う責任も大きくなってきた。四〇代になれば、ようやく「何々をしたい」という意思表示ができる年代なのである。

それは、とりもなおさず、自分自身を検証する作業でもあるのだ。「何々をしたい」というときに、何をしたいのか。「自分はこういうことをしたい」という価値観はきちんとあるのか。確固たる価値観がないと、どんなことをやっても満足感は得られないだろう。

趣味というのは、本来、何をやってもいいのである。

趣味とは、これをやりなさいと指示された計算問題ではなく、自由課題なのだ。自由課題になると、何をしていいかわからない人がいる。そういう人にこそ、自分は何をしたいのか「自分の価値観を検証してみてはどうですか」といいたい。

「体にいいから食べる」は主客転倒

自分探しというのは、かつては若者のすることだった。自分は何者なのか、何を思って、どこに行こうとしているのか。自分という人間をあらためて見つめ直すために、旅に出た若者がたくさんいた時代があった。

現在は経済危機や不況のさなか、中年世代の人々が自分探しをしようとしているのかもしれない。

社会に出て、成績を上げ、収入が上がり、仕事に追われ、がむしゃらに働いているうちにバブル経済が弾けたのが今の四〇代の人々である。ふと立ち止まったとき、自分の人生このままでいいのかと考え出した人は少なくないだろう。

今ほど、趣味というものが必要とされている時代はないかもしれない。

ただし、趣味を探すときに、自分を変えようとか人生を変えようとか、目的が先行すると、本当にやりたいことに出会えないのではないだろうか。

この停滞感の漂う世の中で、趣味を持つことによって、人生が開けるような気がするのかもしれない。仕事しか知らなかったのが、趣味に出会うことによって、新たな自分を発見できると思うのかもしれない。

しかし、自分を探すために趣味を始めるのは、発想が逆転しているような気がするのだ。たとえば、あなたは栄養の成分ばかり考えて、食事をするだろうか。

今は健康重視で、体にいいものを食べようとするが、それは本来おかしい。この野菜はビタミン何と何を含んでいるから食べるのではなく、この野菜がおいしそうだから、あるいは好きだから食べるというのが自然である。現代は健康になりたいという強迫観念に怯えて、不健康病に冒されているようなところがある。

趣味も同じである。この趣味で人生を変えよう、というところから入っていくのはおかしい。趣味というのは、これが面白そうだからやってみたいと思うものではないか。ある人は会社と自宅を往復するだけだったのが、ひょんなことから陶芸に興味を引かれた。そして、陶芸を習うようになって、結果、もうひとつの居場所ができて、もうひとつの自分探しになったというのが、趣味との幸せな出会いだろう。

趣味を探すよりも、自分のやりたいことが先にありきなのである。仕事に行きづまって、自分を変えたいから趣味を探すというのは主客転倒している。目的も理由も何もかもとっぱらったところに、自分が本当にやりたいことがあるのだ。

「マイブーム」などという「ブーム」は存在しない

趣味を持っていて、それをやっているときは楽しくて楽しくてしようがないというのは、とても幸せなことである。

仕事のことも忘れ、家族のことも忘れ、時間が経つのも気づかない。趣味を始めるなら、それくらい夢中になれるものに出会いたい。

では、どうしたら、それほどまでに夢中になれる趣味を見つけることができるのか。

人はみな、そう考えるのだろう。

結論からいうと、自分のやりたいことや楽しいことをやるしかない。情報も流行も関係ない。テレビや雑誌で「こういう趣味が人気を集めています」と伝えられようがどうでもいい。職場の同僚や仲間の間で、流行っている趣味があっても、自分がやりたくなければやる必要はない。あくまで「自分はこれをやってみたい」と心魅かれたことをやってみる。それしか、夢中になれる趣味に出会う方法はないのだ。

ところが、人はえてして「自分はこれをやってみたい」ではなく「人は何をやっているのか」という思考をしてしまう。

人間は何か行動しようとするとき、まずまわりを見回す習性がある。趣味を始めたいと思うと、きっかけを作らなければいけない。きっかけを作ろうとすると、「ところで、まわりの人は何をしているのか」と見回すのである。

そうして、趣味という領域にも、ブームというものが生まれる。

ワインブーム、ガーデニングブーム、男の料理ブームしかり。「みんながやっている面白そうなもの」を自分もやってみようとする人は少なくないのだ。

なぜブームが生まれるかというと、そこには理由がある。

たとえば、東京から伊豆方面に向かう道路のゆるやかなカーブのところに、空き缶がたくさん並んでいる。なぜなら、カーブの手前に飲み物の自動販売機があって、ちょうどそのあたりから渋滞が始まり、低速で動いたり止まったりするからである。渋滞が始まる前に飲み物を買って、飲み終わるところでカーブにさしかかるのだ。

何をいいたいかというと、要するに人間の思考や行動はみな同じなのである。

趣味だって、何かやりたいというときに、テレビをつけたら「今、ワインがブームですよ」という。三〇代から五〇代くらいの芸能人や文化人が、「この何年もののワインはやっぱり違いますね」などと言っている。

そのとき、ワインを趣味にするのは、明日から始められる。昨日まで、食事をしながらビールを飲んでいた人が、ワインを飲もうというのは簡単にできる。ガーデニングにしても、料理にしても身近さがヒットするのである。

もちろん、ブームになっているものを趣味にするのは悪いことではない。しかし、それが本当に夢中になれるものなのかと、僕は思ってしまう。ブームだからやってみようという意識が、根底にあるのではないかと考えてしまうのだ。

現代の趣味のあり様をあらわしているものに、マイブームという言葉がある。

自分が今はまっているものを「マイブーム」という。ブームというからには、いずれ消えていくものだと認識している。それは夢中になっているのではなく、客観的にどこか冷めた目で「今はまっているだけ」ということを認めているのだ。

何年か前に、ワインを買い揃え、飲み歩いていた人たちのうちで、今でもワインが好きだという人はどれくらいいるだろうか。

僕はやはりブームとは関係なく、自分が夢中になれることをやりたい。でなければ、残りの人生の時間がもったいないと思うからだ。

人生の残り時間をカウントダウンせよ

人間は四〇代になったら、他人のことをかまう時間はない。

ある程度の年齢になったら、人が何をしていようがかまっていられない。人からどう見られようと、自分のやりたいことをやる勇気を持ちたい。

趣味だって、流行りすたりなどは関係ないのだ。どういう趣味が流行りだろうが、どういう講座が人気だろうが、気にする必要はないのである。

これは声を大にしていいたいが、「世の中のみんな」がどうなのかということにとらわれていたら、自分のやりたいことが見えなくなってしまう。

流行や時代と追いかけっこする仕事をしている僕がいうのだから間違いない。「今はみんなこれをやっているんですよ。これが流行っているんですよ」というが、そんなものは漠としていて、つかまえようがない。「今はみんなこれをやっているんですよ」というなら、その「みんな」を全員ここに連れてきてほしい。漠としたものを追いかけているうちは、趣味を探したいといっても見つかりはしないのだ。

僕は第二章で、五分遅れの時計のたとえ話をした。遅れて追いかけているだけで正確な時間を刻めない時計と違い、止まっている時計は、止まっているがゆえに日に二度必ず正確な時間を示すものなのだ。

現在の中年世代の人々は、生き方の選択肢が増えている。とはいうものの、年齢なりに分別がつくということは、世の中の流れから逸脱した行動がとれなくなるということでもある。そこが趣味の選び方にも、影響しているように思えてならない。

たとえば、今、切手収集を趣味にする人が少ないのはなぜなのか。それは、どこかに切手収集はもう流行らないからという意識が働いているからだ。けれども、切手を集めるのが楽しければいいではないかという、そこの気持ちが大事なのである。

僕も陶芸を始めて、「なぜ陶芸なんですか」とよく聞かれる。陶芸を選んだ理由はたくさんある。しかし、心の奥底にある本音をいえば「とにかくやりたかった」しかない。

もしも、陶芸がまったく流行っていなくて、全国にやっている人が誰もいなくてもいい。僕が陶芸ではなく、卵の殻を貼りつけて、絵を描くことに出会っていたら、それをやっていたかもしれない。流行っていようがいまいが、ダサくても何でもいいのである。

ところが、人は人気のある趣味に集まる。「この講座は人気講座ですよ」「この趣味は中年世代に人気ですよ」というと、そこに人々は群がる。混んでいる遊園地はよけい混むように、人が集まっていくのだ。

四〇代の男性が、ダンスを習ってもいい。着物の着付の教室に通ってもいい。生け花を始めてもいいのである。なのに、自分の本音を聞こうとせず、ありきたりな趣味に満足している人もたくさんいるのではないだろうか。

人は四〇歳を過ぎたら、人生の残り時間がカウントダウンされている。

だからこそ、自分の好きなことや楽しいことだけをやりたい。人はどうあれ、自分はこれをやるという勇気を持つことが、趣味を見つけるということなのだ。

斜眼帯をつけよう

趣味を選ぶ理由は人それぞれ。なかには「これができるようになりたい」という目的意識をもって始める人もかなりいるのではないだろうか。

近頃は、パソコンやピアノの講座が人気を集めているという。

なぜパソコンとピアノなのか。それはパソコンとピアノが目的意識において、英語と同じ位置づけにあるからだ。何か趣味や勉強を始めるときの入口にまず英語があり、パソコンがあり、ピアノがあるのだ。

つまり、日本人がどうして猫も杓子も英語を学ぼうとするかというと、英語を習うことによって、より世界が広がると考えるからだろう。同じようにパソコンも、パソコンを習ってインターネットにつなぐことができるようになれば、情報が広がるような気がする。ピアノにしても、譜面なんて読めなかったのが読めるようになって、楽器を弾けるようになれば音楽により近づいた感じがする。

要は趣味として「とりあえずこれができるようになりたい」というものが、英語であり、パソコンであり、ピアノであるのだろう。

たとえば、世界を広げたいといっても、いきなりスワヒリ語を習う人はあまりいない。楽器を弾けるようになりたいといっても、胡弓をやるよりは、まずピアノだろうという発想になる。パソコンの場合は、いまや苦手だといっていられる時代ではなく、とにかくできなければまずいというので始めた人はかなりいるはずである。

だから、パソコンとピアノは、いうなれば「趣味を持ちたいが何をやりたいかまだよくわからない」という人の集まる入門講座なのではないか。

とりあえずパソコンをやろう。まずピアノを弾けるようになりたい。「みながやっていることをできるようになりたい」という、そのような思惑のもとに人が集まるから、パソコンとピアノの講座や教室が盛況になるのだろう。

大事なのは、パソコンとピアノができるようになったその後である。

では、自分は本当は何をしたいのか。よくいうように、英語はできるようになるのが目的ではなく、英語を使って何をしたいのかが最も重要なことだ。パソコンで多様な情報を得られるようになった。ピアノを習って譜面が読めるようになった。さあ、それでは何をしようかと、自分に問いかけたほうがいい。

そこからは人気講座だとか、みんながやっているからとか、そういった言い訳は理由にならない。

趣味探しをしているというなら、競馬の馬のように斜眼帯をつけたい。他の馬を気にせず集中して疾走する馬のごとく、人も、心の目を覆いたい。集中して進むための、前しか見えない斜眼帯をつけるべきなのである。

これという趣味に出会うには、まわりを見ている時間はないのだ。

カルチャーセンターは趣味への入口

趣味があればいいと思い、漠然とこういうことをやってみたいと考えている人は、とりあえずカルチャーセンターのパンフレットを開くのではないだろうか。あるいは、書店に行って、教本や趣味の講座のビデオを探すかもしれない。

趣味を始めるとき、大切なのはまず行動することである。

頭の中で、どうしようこうしようと考えていても進まない。とにかく動く。動いて始めることが、自分に出会うための最初の段階なのだ。

だから、教本やビデオを買ってそれを見たり、テレビの趣味の講座を見るのは、きっかけ作りとしてはいいのではないだろうか。

日本画に興味がある。写真を学びたい。陶芸を習いたい。だとしたら、今すぐできることから始めたい。書店に行って、教本やビデオを買ってきて、自分でやってみる。しかし、教本やビデオでは、全部を会得することはできない。そうしたら、今度はカルチャーセンターで専門の講師に教えてもらう。カルチャーセンターで基本は学んだら、あとはその趣味を自分なりに深めていけばいいのである。

そういう意味では、教本もビデオもカルチャーセンターも、趣味への入口なのだ。入口を通らないことには、先へと進んでいけない。自分で入口を作る、すなわち独学で何かを始めるのもいいけれど、目の前にある入口をくぐってもいい。せっかくいろいろな教本やビデオが書店に並んでいて、カルチャーセンターもたくさん開設されているのだから、利用するのは方法論として悪くはないと思うのだ。

ただし、カルチャーセンターに通うこと自体が目的になってしまってはつまらない。カルチャーセンターにとりあえず通ってみようということで、入口をくぐったはいいけれど、自分が想像していたのと違ったという場合だってある。そこで無理して続けようとしたり、通っている自分に満足しているだけになったら、習っている意味がない。本当に楽しいものを見つけたいなら、別の場を探す行動力がほしい。

とにかく、趣味を始めるなら自分で動くこと。

陶芸に関心のある人が、観光地に行って、たまたま陶芸教室があったらトライしてみる。体を動かすことをやりたいと思う人なら、乗馬コースがあったら乗ってみる。きっかけを逃がさず、まず踏み出すことが肝心なのだ。

取扱説明書を読むのも立派な趣味である

趣味とひとことでいっても、いろいろなものがある。趣味には確固たる定義はないから、どこからどこまでが趣味なのかというと、つまりは余暇に自分が楽しんでやっていることは、すべて趣味と呼んでいいのではないだろうか。

趣味とはこうあるべきだと定義づけると、選択肢が狭まってしまう。趣味の範囲を決めると、自分がやりたいことに出会えない。

四〇代くらいになると、人生の時間を逆算する意識が働くはずだ。日常の中で、仕事の時間に半分とられるとしたら、あとは食事をする時間、家族や友達と過ごす時間、眠る時間がある。その他の余暇に、人生の残り時間を楽しむべく自らの意思でやっていることは全部趣味なのである。

たとえば、語学や歴史や文学や政治や経済を学びたいという人も多いだろう。生涯教育という言葉もあり、大学の市民講座や、カルチャーセンターの教養講座で学ぶ中年世代の人はたくさんいる。

それは勉強であって趣味ではないだろう、と考える人もいるかもしれない。たしかに、これから転勤で外国に住むので、やむにやまれず語学を習うというなら、趣味とはいえない。僕もニューヨークに移住する前、英会話教室に通ったことがあるが、それは趣味というより必要に迫られて学んだだけだった。しかし、向上心や知識欲を刺激されて、語学の講座に通おうというのは、充分に趣味といえるだろう。

だから、趣味というのは、要するに「何でもあり」なのだ。

なかには資格マニアの人がいて、そういう人はさまざまな資格の検定を受けている。危険物取扱、救命技能、介護士、防火管理など。そんなに資格を取得してどうするんだという気がしないでもないけれど、それだって勉強をして目に見える結果が出るのが楽しいのであれば、趣味といっていいだろう。

あるいは、僕の友人に、取扱説明書を読むのが好きな友人がいる。

テレビやビデオにしろ、DVDにしろ、携帯電話にしろ、すべての機能をきちんと使うのはなかなか難しい。彼はそういった機器の取扱説明書を事細かに読んで、全機能を使いこなしてしまうのである。

昔はよく彼に取扱説明書を渡して、「読んでボクにわかるように説明してくれ」と頼んでいた。つまり、僕にとって取扱説明書を読むのは、やむにやまれず語学を習うようなもの。だけど、彼にとってはすべての機能の使い方を克服していくのが楽しい。だから、それも趣味のひとつなのだ。

趣味を定義するとしたら、自分にとって楽しいこと。それしかないだろう。

大事なのは「できるようになりたい」という気持ち

趣味には自分ひとりでできるものもあれば、技術や技能や知識を習得しなければできないものもある。あるいは、趣味の教室で先生や講師について学ぶ人もいれば、独学でやっている人もいる。

僕が陶芸を教わっているのは、自分が作りたい形を早く作れるようになりたかったからだ。粘土を買って、ロクロを買って、窯を買って、自己流で始めてもよかった。しかし、あえて先生についたのは、早く上達したかったからである。

先生に教わると、その場で自分に何が足りないかがわかる。粘土の中の空気を抜く菊もみという作業があるのだが、最初は全然できなかったのが、先生の指導で少しずつ形になっていく。これを自己流でやっていたら、不器用な僕は菊もみができるようになるまで、どれだけ時間がかかったかわからない。

とはいえ、趣味を始めるなら、まず先生について教わったほうがいいのかというと、必ずしもそうではないと思う。

大事なのは、自分の「これができるようになりたい」という気持ちである。もしも、写真を趣味にしたいなら、技術的なことがわからなくても、自己流でどんどん撮ってみればいい。写真の講座に通って、課題を与えられるより、自由に撮るほうがいいということもある。僕の友達にも、ピアノを弾いたこともないのに、譜面を買ってきて、ＣＤを聴きながら、何度も練習して弾けるようになった男がいる。

だから、人に教わろうと、自分で学ぼうと、どちらでもいいのだ。どちらにせよ、大人になって、自発的に学ぶということは楽しいし、楽しいからこそ上達できるのである。

たとえば、歴史や文化や古典などの教養講座で学んでいる人がいる。その人たちが充実しているのだろうなと想像するのは、自発的に勉強しているからだ。

学生時代を振り返ってみよう。ほとんど勉強に気が入っていなかったろう。予備校に通っていたとしても、通っているだけで満足していたのではないか。

ところが、講座で勉強している人たちは、試験のために通っているわけではないし、誰に強制されたわけでもない。自発的に受講しているのだから、楽しくないわけはない。貪欲に

「もっと知りたい」という気持ちで、ワクワクしながら学んでいるのだから、そこいらの受験生とは吸収力だって違うだろう。

中年になってから何かを始めるとき、貪欲になれるのは、人生の残り時間を考えるからかもしれない。残された時間で「ここまでできるようになりたい」という意識があるからこそ上達し、夢中になれるのだ。

自分ひとりだけの成功体験が感動を引き起こす

人が趣味を始めるとき、目の前には階段がある。つまり、趣味というのは、すべからく階段を登っていくものなのではないだろうか。

たとえば、僕も菊もみがまったくできなかったのが、少しずつできるようになっていった。パソコンだって、ひとつひとつ使い方を覚えていく。ピアノも日を追うごとに、曲を奏でられるようになるのは、さぞ楽しいことだろう。

趣味なのだから、別に階段を登らなくても、うまくならなくてもいいではないか、という意見もあるかもしれない。たしかに、ノルマがあるわけではないし、成績が上がらなくても、覚えられなくても、怒られるわけではない。しかし、だからこそ中高年になって、趣味を始めたときは、階段を登ることにやりがいを見出せるのだ。

これまでの人生、常にノルマがつきまとってきた。学校の勉強も仕事も、ある程度の成績をあげ、結果を出すことを求められてきた。ところが、趣味は何の制約もない。義務ではないところで、上達していく自分を見ることは新鮮な驚きであるし、上達することでますますやる気がわいてくるのだ。

それは、成功体験によって、さらにうまくなりたい、もっとできるようになりたいという意欲が増すからだろう。

たとえば、サラリーマンがゴルフを趣味にするのは、数値化された自分だけの成功を得られるからではないか。仕事で営業成績をあげて、成功体験を味わう人もいる。しかし、組織の歯車である限り、それは自分ひとりの成功のようでいて、そうではない。一方で趣味のゴルフで上達するのは、あくまでも自分だけの成功だから、もっとうまくなりたいという欲望がわいてくるのではないかと推測する。

僕も陶芸を始めて、階段を登る楽しさを存分に味わっている。ロクロを回すのも、菊もみも、はじめは苦労していたのが、毎回、行くごとにできるようになっていく。この楽しさは何なのかというと、子どもの頃に泳げるようになったとか、逆《さか》上がりができるようになったときの感動と似ているのだ。

人間はみなわがままだから、楽をしたいと願いつつ、簡単にできることはつまらない。趣味は義務ではないからこそ、たとえうまくできなくても苦しさが楽しさになり、上達したときの喜びは倍になるのだ。

僕の場合、パソコンが趣味にならなかった訳

今、四〇代の人でパソコンを趣味にしている人は、たくさんいるはずだ。インターネットにつないで世界の情報を見たり、ホームページを作ったり、絵を描いたり、いろいろな楽しみ方をしているのだろう。

実をいうと、僕はパソコンができない人間である。

パソコンのワープロ機能は使える。文字を打ち込むことはできる。メールを送ることもできる。それだけなのである。表を作ったり、写真や画像をとり込んだり、あるいは企画書にしても凝ったものを作りたいが、とてもできない。

どうしてできないかというと、簡単にいえば、技術が上達しなかったからだ。

趣味はどんなものでも、基本技術ができるようになって、そこから自分の感性なりセンスなりが生かせるようになったときが楽しい。パソコンの場合、基本技術を覚えるまでのレベルに達しなかったのである。

陶芸だったら、ど素人の僕が作ったぐにゃぐにゃのぐいのみも、それがいいか悪いかは別として作品になりえる。しかし、パソコンは操作を覚えなければ、どうにもならない。パソコンを使って、僕が頭の中で思い描くものを完璧に作ろうとしたら、膨大なパターンの操作をひとつひとつ覚えていかなければならないのだ。

前に雑誌の企画で、パソコンを習ったことがある。

そのとき、僕は先生に教えてもらいながら、クリスマスカードを作れるようになった。ところが、出来あがったクリスマスカードが思いっきりダサいのである。ほとんど三流ブティックのクリスマスセールのチラシで、僕のイメージとはかけ離れていた。

クリスマスセールのチラシまではできるが、そこから先はセンスの勝負になる。しかも、パソコンでセンスを発揮するには、技術ももっと学ばなければならない。つまり、パソコンは陶芸と違って、正しい操作という正解があるから、正解のない仕事をしてきた僕はいまひとつはまることができなかったのだろう。

人には向き不向きというものがある。本音のところで「これが絶対にできるようになりたい」と思えないものは趣味にならない。

失敗しても、なかなか上達しなくても、それでも続けたいと思えるかどうか。思えなければ、単純に向いていないということなのだろう。

恥の概念を捨てよう、誰もあなたを見てはいない

これから趣味の教室に通おうとしている人にアドバイスするとしたら、ありきたりの言葉

であるが「失敗を恐れたり恥ずかしがったりしないほうがいい」ということである。

僕が陶芸で学びたいのは、自分がイメージするものを作るためのノウハウである。先生のような完璧な技はできなくてもいい。自分が思い描く作品を作れるようになりたいから、そのための基本を習っているのだ。

きれいな底の作り方、模様の描き方、丸みのつけ方。基本をしっかり学んだら、その広がりたるや、いろいろなものが作れるのではないかと想像するのである。

だから、基本を学ぶ過程でうまくできなくても、少しくらい失敗しても、僕はまったく気にならない。

かえって失敗して、先生に教わったほうが得るものがある。この年になって、失敗して恥ずかしいなどと思ったことはない。失敗することのかっこ悪さが嫌だという気持ちよりも、うまくなりたい気持ちのほうが強いからだ。

もしかしたら、「こういうことを習いたいが、うまくできなかったら恥ずかしい」という人がいるかもしれない。

しかし、断言するが、誰もあなたのことは見ていない。ある程度の年齢になって、趣味の教室に来るということは、みな自分がうまくなりたいということしか頭にない。他人がうまいとか下手とか、見ている暇はないのである。

僕は先生にマンツーマンで陶芸を習っているが、他に生徒がいたとしても、他人のことは見ていないだろう。他に生徒がいたら、僕は粘土の扱いが下手なほうかもしれない。だが、恥ずかしいなどと気にしている時間はない。その日の授業の中で、少しでも上手になりたいという気持ちでいっぱいだからだ。

四〇代になって趣味を始めるときに心しておきたいのは、四〇歳を過ぎたら、恥の概念を捨てたほうがいいということである。

人は年をとると、どうしても失敗したくない、恥をかきたくないと考えてしまう。しかし、趣味を始めて何かを学ぶ目的は、自分が頭の中でイメージするものを思い通りできるようになるところにある。

仮に書道を習いたいが、字が下手な人がいるとする。字は決してうまくないが、書の魅力に引かれる。だとしたら、教室の中でいちばん字が下手だろうと、いつか自分で最高だと思える字を書けるようになれればいいのである。

基本を覚えれば、果てしない広がりがある。広がりを作るために、多少の恥をかくことなど大したことはない。それより何より、他人のことなど誰も見ていないのだ。

大人になったら途中で投げ出してもいい

たとえば、ある男性が、通勤電車の窓の外に、陶芸教室の看板を見つけたとしよう。今まで気がつかなかったけれど、こんなところに陶芸教室があったんだ。このところ、不景気で残業も削減されている。そういえば、小学校の頃、粘土細工でカップを作って褒められたことがあったっけ。そうだ、陶芸を習ってみよう。……というわけで、その男性は日曜日に、陶芸教室に通うことにしたとする。

しかし、実際に通ってみると、そんなに面白くないなと感じることだってある。僕はやわらかくて扱いにくい粘土を苦労して形にするのが楽しいが、その時点でこれはだめだと挫折しそうになる人もいるだろう。

そこで、諦めずにがんばったほうがいいのかというと、僕はそうは思わない。

自分が楽しくなければ、さっさとやめる。続けることが苦しいと感じたら、やめればいい。そこを無理してまでやる必要はないと思うのだ。

子どもの頃は、継続する力を得るために「投げ出してはいけません」と教えられた。習い事をしていたら、途中で飽きても「がんばって続けなさい」といわれた。しかし、大人になったら、途中で投げ出せばいいのである。

大人になって、趣味を始めて、途中でやめることは少しも恥ずかしいことではない。これが仕事だったら、簡単にギブアップするわけにはいかない。だが、趣味は義務ではない。うまくできない苦しさが楽しさにならず、苦しくてつらいだけなら、それはもはや趣味とはいえないだろう。

だいたい、人間というのは、頭の中で駆け引きをするのだ。

趣味の教室に通っていて「面白くないな、行きたくないな」という気持ちと、がんばって行ったときのご褒美を比較する。ここでやめてしまったときの楽さと、続けたときに得られる達成感を比べる。僕でいえば、今のうまくできなくて苦労している状態と、ここでがんばればいつか先生の作品のようなものが作れるぞという気持ちとを比べれば、そっちのご褒美がほしいから行こうと思うのである。

だから、ご褒美よりも、つらさや面倒くささが増したらやめるべきだろう。

大人が趣味を始めてみて、「自分にはこれは合わない」と感じたとき、「根気よく続けるべきなのか」といったら、続けるべきではない。むしろ、やめて好きなことを始めたほうがいい。陶芸は合わなかったけれど、日本画を始めたらうまくできなくても苦にならない、ということだってあるのだ。

僕は四〇代半ばになって、つくづく実感している。

この年になったら、人生、もうやりたくないことをやっている時間はないのである。自分にとって楽しくないこと、好きでないことは、できるだけ切り捨てていきたい。

僕にとって仕事は大事であるし、その中ではルールを守らなければならない。しかし、趣味だけは何をしてもいいのだ。自分にとって楽しいことだけをやるというのが、趣味におけるたったひとつのルールなのかもしれない。

趣味を「探す方法」はどこにもない

僕は陶芸を始めて、どんどん自分がはまっていくのを楽しんでいる。

粘土に触れているときは、無口になってしまう。ひとことも発せずカニをほじくって食べているときのように、ただただ夢中になっている自分がいるのである。

これは、まったく幸運な出会いだったと思う。

それでは、どうすれば夢中になってはまってしまう趣味を見つけられるのか。どうすれば自分に合う趣味を探せるのか。

趣味の「探し方」を知りたいという人もなかにはいるだろう。

しかし、趣味には具体的な「探し方」など、どこにもないのだ。「こうやって見つけなさい」「こうすると見つかりますよ」という答えはない。

趣味はとにかく、やってみなければ自分に合うかどうかはわからない。人間が百人いれば、百通りの人生があり、百通りの性格があり、百通りの価値観がある。万人向けの「趣味を探す方法」は、どこにも存在しないのである。

ところが、世の中には「探し方」を求める人が決して少なくはない。

なぜなら、マスメディアが情報を送る方法の多くが、説明過剰になっているからだ。テレビやラジオ番組の作り手としての立場でいうと、実はそんなに説明は必要ないと考えている。視聴者も読者も、説明を押しつけられるより、自分の頭で想像したほうがいいはずだ。

けれども、かゆいところに手が届くような説明に慣れてしまった人々は、常に具体性や方法論を求めるようになってしまったのかもしれない。

僕は事務所のスタッフに「週刊誌を全部読む必要はない。だが、新聞に載っている週刊誌の広告はすべて目を通せ」といつも言っている。週刊誌をすべて買って読むと、情報が頭の中で溢れてしまう。しかし、広告の見出しを読んでいくと、世の中の動きをおおむね自分で想像することができるのだ。

大量の情報を得ても、消化することはできない。人の意見を聞いても、自分の答えを見つけることはできない。自分の頭で考えることが大切なのである。

たとえば「幸せになるにはどうすればいいのですか」という人に「幸せはあなたの近くにあるのですよ」といっても、「それでは答えになっていない」と思うのだろう。「具体的にどうすればいいのですか」と人は聞く。

そこで「明日、あなたはひとつ手前の駅で降りて、歩いて自宅まで帰ってごらんなさい。昨日とは違う景色が見えますよ」と答えたとする。すると「私はひとつ手前の駅で降りて歩いてみたけれど、何もありませんでした」となる。

つまり、「幸せは近くにある」という基本がわかっていなければ、何をやっても幸せにはなれないのだ。いくら具体例を出しても、ひとつ手前の駅で降りたところで、何を見るかがわかっていないのである。

だから、趣味の「探し方」はぜひ自分で考えていただきたい。考えるべきことは、「自分は何をやりたいか」。そして「自分は何が楽しいのか」ということのみである。「趣味を探す」ということは、つまりは「自分のやりたいことを探す」ということなのだ。

僕は同じ年代の人に向けて「趣味を始めよう」と繰り返し述べてきた。それは、言葉を換えれば「後半の人生を楽しく過ごそう」という提案でもある。

自分にとって何が楽しくて、何がつまらないのか。自分にとって必要なものは何か、いらないものは何なのか。人生半ばになって、そこをいまいちど検証していくことで、きっと自分に合う趣味が見つかるはずである。

第五章

趣味は人生だ

「定年になってから」ではなく、今、始めよう

今、僕と同世代の人たちは、年をとることをどう考えているのだろうか。おそらく、年をとったら、悠々自適でのんびりと暮らしたいと願っているだろう。なおかつ、仕事を辞めても、生きがいや、やりがいのあることを見つけたいとも考えているだろう。そのためには、そろそろ趣味を始めたいが、実際は目前の仕事に追われて、なかなかきっかけがつかめないという現実もあると思う。

そして、結局、定年になったら何か始めよう、という発想になる。

しかし、定年になってからというのは、僕はもったいないような気がする。定年までの時間を浪費しているように思えるのである。

小学生や中学生の頃、みんな、夏休みになったらあれをしよう、これをしようという予定を立てたと思う。しかし、たいていは、あっという間に夏休みになって、何をしようかと考えているうちに、夏が終わってしまう。

定年になってから何か始めようとすると、夏休みの計画のように、あっという間に人生が終わりそうになっている、などということになりかねない。

だから、趣味も、定年まで先送りにしないほうがいいと思うのである。

お酒や煙草も、来年の元旦からとか、誕生日がきたらやめるという人がいる。けれども、正月や誕生日を待たなくても、今日からやめればいい。どうせ禁酒、禁煙するなら、今すぐ始めればいいのだ。

趣味も定年になってからではなく、今日から始めることはできるはずだ。現状、仕事が忙しいかもしれないけれど、それは時間の使い方の問題であって、やってできないことはない。時間を作るのは、そう難しいことではない。

それに、今から始めて、助走をつけておいたほうが離陸しやすいだろう。定年になって、趣味を探していたのでは、なかなか見つからないかもしれない。もういいやとなって、家で新聞を読んだりテレビを見ているだけの老人になってしまいそうだ。

だいいち、何といっても、人間の気持ちというのは変わるのである。

たとえば、現在四〇歳の男性が、定年になったら英語を習おうと考えているとしよう。しかし、年月が経てば、同じ気持ちかどうかはわからない。定年になったときに、英語をやりたいかというと、そうとは限らない。

その年齢その年代によって、違う景色が見えているのである。だから、定年後にこうしようと計画しても、あまり意味がない。定年後、四〇代のときに決めたからといって、無理に英語をやっても、それこそ時間の無駄というものだろう。

趣味を持つのは定年になってから、と決められているわけではないのだ。僕はすぐに始めることをおすすめしたい。

四〇代になったら食わず嫌いをやめよう

僕が四〇代の人に、「定年になってから何か始めようというのはもったいないから、今から始めたほうがいいですよ」とアドバイスしたとする。

すると「それもそうだな。でも、これまで仕事しかしてこなかったから、いったい何からどう始めていいのかわからない」という人もいるだろう。

そういう人にさらにアドバイスするとしたら、「まず食わず嫌いをやめよう」ということである。

僕はここまで「偏食をしよう」「好きなことだけをしよう」「やりたいことをやろう」と述べてきた。しかし、偏食をする以前に、「何を食べていいのかわからない」人も少なからずいるはずだ。つまり「仕事しか目に入らなかったので、趣味をやろうとしてもどうしても見つからない」といった超仕事人間がいる。そこで、そうした人には、とりあえず「食わず嫌いをやめよう」といいたいのである。

「これまで仕事しかしてこなかった」という人は、たぶん休日は家でごろごろしているか、せいぜい近所を散歩するくらいだっただろう。土日にあちこち出かけて、思いがけず面白いものに出会ったとか、それまで興味のなかったものに引かれたということは、ほとんどなかったはずだ。

そういう人が趣味を持とうとすると、何をやっていいかわからない。何かやるにしても、大河ドラマが好きだから歴史の講座にでも行くか、とか、絵が好きだから油絵でも習うかという思考になる。まったく自分の人生に縁のなかったこと、たとえばダンスやピアノを習おうという発想はしないだろう。

もちろん、いきなりダンスやピアノをやりなさいというわけではない。歴史だろうと、油絵だろうと、それがやりたいならかまわない。

だけど、それだと世界を狭めてしまう。せっかく「これまで仕事しかしてこなかった」人生を変えるなら、とりあえず食わず嫌いをやめたほうがいい。食わず嫌いをやめることで、新たな世界がひらける場合があるからだ。

たとえば、書店に行っても、自分が見る棚はだいたい決まっているのではないだろうか。しかし、そこから右に五メートル、あるいは左に五メートル動いて、そこの棚に置かれた本を買ってみると、思いがけない面白さに出会えるのである。

これは僕が自分で実践しているのだが、「園芸」とか「株式」とか「動物」といった棚に、僕のまるで知らなかった世界がある。そういった本を読んでみると、自分の領域がどんどん広がっていくような気がするのだ。

それと同じように趣味も、視点を少しずらしてみたらいいと思う。

歴史が好きだという人が、ひょんなことから太極拳をやったらはまるかもしれない。油絵を習おうという人が、射撃をやってみたら面白いかもしれない。

つまり、自分の守備範囲ではないことをやってみる。そんな機会はないだろうと最初から諦めるのではなく、チャンスがあればやってみようという心づもりが大切なのである。

趣味を見つけるにあたって、どうしていいかわからないとしたら、まずは食わず嫌いをやめることから始めたい。

人生は予定表通りにならない

僕は二〇代の頃、自分が四六歳になって陶芸をやっているなんて想像だにしなかった。僕のような行き当たりばったりではなく、世の中には、若い頃からしっかりした人生観を築いている人もいる。二〇代、三〇代のうちから、自分が四〇代、五〇代になったらこうしようという青写真を描いている人もいる。

人生の予定表通り、四〇になったら、こういう趣味を始めよう。定年になったら、こういうことをしよう。そのように計画を立てて、予定通りに歩んでいる人もいるのだろう。

ただ、大部分の人は、そこまできちっと予定表は作っていないはずだ。

四〇代になった。これからどう年を重ねていくのだろう、充実した老後を過ごすためには、そろそろ今から何かを始めたほうがいいのかもしれない。……ほとんどの人は、漠然とそう考えているのではないだろうか。

ならば、とにかくジタバタしてみればいいではないかと僕は思うのだ。

僕が陶芸を始めたのも、そこに至るジタバタがあったからだ。仕事の合間を縫って、ゴルフをしたり、スキューバダイビングをしたり、ギャンブルをしたり、ダーツをしたり、テニスをしたりしてきた。

しかし、どれも自分の気持ちにしっくりこなかった。そして、四〇代半ばになって、趣味を持ちたいという欲求が出てきたときに、陶芸に出会った。仕事とは違う回路を開きたいという思いに、陶芸がぴったりはまったのだ。

だから、これから趣味を見つけようとしているなら、まず動き出したい。

たとえば、泳ぎを覚えるときだって、いくら泳ぐ絵のついた教科書を見ようとも泳げるようにはならない。自分が水の中に入らない限り、泳ぎは覚えられない。水の中で足がつりそうになったり、水を飲んだりして、ジタバタしているうちに、体がふわっと泳ぐようになる。四〇代になったら、趣味のためにジタバタするのも大事なことなのだ。

二〇年後の自分を想像するとき、誰だって生き生きと暮らしている自分でありたいと願うだろう。

年をとっても、行くべき場所があり、やるべきことのある人間でありたい。ならば、今からそのやるべきことを見つけるためにあがくのは、決してかっこ悪いことではない。

自分の老後はこの趣味に専念すると予定を今から決めることはない。人生というのは、予定通りにならないからこそ面白いのである。

趣味は人生の帳尻合わせ

誰でも年をとるにつれて、人にものを教える機会が増えてくる。

僕の場合、仕事にしても何にしても、若い人に教える立場にいる。あるいは、自分が食べることが好きなので、人からしょっちゅうおいしい店はないかとたずねられる。

すると、たまには僕も人に教わりたいという気分になってくる。いつも自分ばかりが教えていて、損しているような気がしてくるのだ。

だから、僕は陶芸を習うことになって、教わることは楽しいとあらためて認識している。先生はひとつひとつ技術を伝授してくれる。まったく知ることのなかった技を習得するにつれ、得をした感じがするのである。

そう思うと、趣味というのは、もしかしたら人生の帳尻を合わせるものでもあるのではないかと考えさせられる。

たとえば、学校の教師をしている人だったら、逆に若い人から、自分が全然わからないことを教えてもらうのは楽しいだろう。たとえば、ラップやポップ系の音楽を教えてもらう機会があったとしたら、すごく新鮮な経験になるはずだ。

あるいは、生き馬の目を抜くような熾烈な営業の分野で働いている人なら、趣味で般若心経を写経したくなるかもしれない。人間の嫌なところや、醜い面を見てきた人だったら、心洗われる世界に身をおいてみたくなるのではないかと思う。

つまり、人は人生において経験を積んできた中で、自分の失っていたものを、趣味で取り戻したくなるのではないか。

意識的であれ、無意識的であれ、誰しもどこかで自分の人生の反動で趣味を選んでいるところもあるのではないかと思うのである。

おそらく、大工さんや職人さんは、趣味でもまたコツコツと作りあげる陶芸をやりたくはないだろう。作りあげる仕事とは対極にあるもの、たとえば将棋や囲碁など、勝負して決着をつけるものに惹かれるかもしれない。

将棋や囲碁といえば、年配の大企業の社長などには、趣味にしている人がけっこういる。将棋や囲碁はある種陣取りゲームのようなもの。「それは自分の仕事と帳尻を合わせるとか、その反動とかではないだろう」という解釈もある。

しかし、僕は逆だと考えるのだ。

駒や碁石は、自分の思い通りに動かせるが、会社は動かせない。オーナー社長は別として、大企業の社長というのは、取締役だの株主だのの意向にがんじがらめになっている。企業が大きければ大きいほど、社長は自分の思い通り手腕をふるうことはできにくい。だから、せめて将棋や囲碁で、好きなように動かしたいという反動があるのではないだろうか。

僕でいうと、やはり将棋や囲碁を趣味にしたいとは思わない。

なぜなら、仕事柄、毎日のように戦略を立てているから、趣味でまた作戦を練るようなことはしたくない。仕事を離れても、過去の譜を読んで、この駒をこう動かし、のようなことはやりたくないのである。

人は意識のどこかで、趣味によって反動を支えようとする。あるいは、人生の帳尻を合わせようとする。自分の心が求めることを、趣味で満たしているとしたら、それが楽しくないはずはないのだ。

なぜ趣味の場で友達の輪が広がるのか

趣味が人生の帳尻合わせだとしたら、趣味を持っているということは、もうひとつの自分の人生を仮想できるということでもある。

現実の自分がいて、趣味の世界では、これまでの人生で満たされないものを埋めようとしている。もうひとつの人生を趣味で構築しようとしている。趣味をやっているときは、今までの人生でできなかったことをできる自分になれるのである。

そのとき、想像が果てしなく広がっていくのだ。

たとえば、僕は陶芸を習っているわけだが、もしも自分が大学で陶芸を学んでいたら、今頃どうなっていただろうかと夢想する。仮に僕が陶芸家になっていたら、成功していただろうかと考えるのは楽しい。

つまり、自分の人生はひとつではない。この年になって後戻りはできないが、せめて陶芸の技術だけは教わりたい。技術を教わることによって、たとえわずかでも人生の可能性を見出すことができる。作詞家として仕事をしてきた自分であるが、陶芸家になれるかもしれないという夢を見ることができるのである。

大企業の社長が囲碁をやっているときは、意のままに会社を動かす自分になりきれるだろう。実直な職人さんが将棋を趣味にしているとしたら、オレは勝負にかける棋士になれるのではないかと思いを馳せることもあるだろう。そうやって人生の帳尻を合わせる夢をかけられるのが、趣味の面白さでもあるのだ。

だから、趣味の教室に集まる人は、自然と親しい輪ができるのではないだろうか。要は、同じ趣味で同じような人生の帳尻合わせをしようとしている同類の人が集まっているから、話も弾み、おのずと親しくなれるのではないかと思う。

趣味の場で輪が広がり、誰が誘うでもなく、みんなでお茶を飲んだり、お酒を飲んで、語り合う。それぞれ職業も違えば、年齢も違えば、性別も違う。それでも仲良くなれるのは、おそらく人生観にどこかしら共通項があるのである。

逆にいえば、時間つぶしや人脈を広げるために、趣味の教室に通ってもつまらないのは、まわりの人と話が合わないからだ。どうしてもこの趣味をやりたいという動機がなく、まわりに話を合わせていても、心の通い合う会話にはならないだろう。

趣味の場というのは、いわば合わせ鏡のようなものなのだ。

あなたは一日の器に何を盛るか

年をとるごとに、月日が早く過ぎると感じるようになった、という人は多い。

一日があっという間に終わり、一週間が飛ぶように過ぎて、一カ月がまたたく間に経ち、気がつくと一年が終わっている。

年をとるということは、それだけ人生に残された時間が少なくなっていくということであり、だからこそ月日の経つのが早く感じられるのかもしれない。

そこで、四〇代からいかに時間を使うか、という話である。

僕は一日というのは、お皿のようなものだと考えている。

一日がお皿だとしたら、そこにどんな料理を盛るかは、その人の工夫しだい。何もしなくても、忙しく過ごしても、一日は同じスピードで過ぎていく。一日のお皿があったら、お皿に何をどれだけ盛るかが大切なのだ。

僕の場合も毎日、仕事のスケジュールがびっしり詰まっている。しかし、仕事が忙しい、他のことをやっている暇はないといって、仕事だけをしていたのでは、昨日と変わらない時間が過ぎていく。そこに陶芸を習うスケジュールを入れると決めてお皿に盛ったから、昨日と違う今日があるのだ。

僕は欲張りだから、与えられた二四時間のお皿にもっと盛れるのではないかと、いつも考えている。第一章ではこれを旅行カバンにたとえたが、カバンにしろお皿にしろ、僕は空いている隙間を埋めたいという意識が強い。お皿なら、こっちの料理をこう寄せて、場所を空ければ、もっと乗せられるのではないかという気がするのである。

だから、一日があっという間に終わってしまうというのなら、お皿の盛りつけ方を考えてみたほうがいいのではないかと思う。

忙しいサラリーマンの人だったら、昨日と違う今日を作るのは難しい。毎日同じ繰り返しで人生が過ぎていくな。何か新しいことをやりたいな。そう思い立っても、時間を作るのはとても無理だと諦めてしまうことが多いはずだ。

朝九時に出社して、六時、七時くらいまで仕事をする。その後は同僚と飲んで、家に帰って、お風呂に入ってテレビを見て寝る。そして、また翌朝七時過ぎに起きてという生活は、よほどの強い意思をもって変えようとしなければ変わらないだろう。

ならば、自分がどれだけ変えようと思えるかである。

たとえば、早朝からやっている語学の教室に通おうと決心できるかどうか。同僚と飲みに行って、ぐだぐだ話しているなら、すぐに帰って小説を書いてみようと思えるかどうか。

時間の使い方しだいで、いくらでも可能性は広がる。

あなたのお皿には、仕事という料理だけが、全面に薄く敷き詰められているのではないか。それを動かせば、時間は絶対に空くのである。

余っているノリシロを趣味に当てる

働き盛りの年代の人が、仕事の他に何かやりたいことをしようとしたら、時間の使い方が大事になってくる。

一日二四時間は、すべての人に平等に与えられている。その二四時間の使い方によっては、趣味なり他の活動なり、どんなことでもできるはずだ。

僕がそのようにいうと、「いやいや、朝から晩まで埋まっていて、趣味の時間を割り込ませるなんて、とてもとても」とおっしゃる人が多いかもしれない。しかし、果たして本当に無理なのかという気がする。

二四時間のうち、一時間や二時間はどこかに余っているのではないか。一日一時間を集めれば、一年で三六五時間にもなる。その時間を趣味に当てればいい。

ほとんどの人は、趣味を持つなら、仕事を犠牲にしなければいけないと考えてしまう。毎日、会社に通っていて、そのうえ趣味を始めるなら、仕事を減らさなければいけないとためらってしまう。その発想が違うと思う。

僕は陶芸を始めるにあたって、仕事を減らしたりはしなかった。一日五時間が睡眠で、一九時間は仕事をしている。陶芸を習うのは、毎週土曜日。茨城県の笠間まで行くので、丸々一日を費やすことになる。ではどうするか。本来、土曜日にやっていた仕事を別の日に移して、ぎゅうっと詰めれば入ってしまうのである。

四〇代になったら、仕事も含めて、自分の時間を見直すべきだ。

二〇代、三〇代のうちに、九時から五時で仕事の決着がつかないのは仕方がない。しかし、四〇代にもなれば、自分の裁量で、仕事の配分にしても、出勤、退社の時間にしても多少は動かせるのではないか。すると、出勤前や退社後にノリシロの時間が余るはずなのである。要はそれをやろうとするか、しないかの問題なのだ。

同じ大きさの紙で立方体を作るとしよう。その立方体の箱に、一日の仕事が詰め込まれていると想像していただきたい。

二〇代、三〇代の社員は、その紙を目いっぱい使って六センチ四方の立方体を作らなければ、その日の仕事は入りきらない。しかし、四〇代の社員は工夫しだいで、五センチか四センチの立方体でも一日の仕事を収めることができる。そこに一センチないし二センチのノリ

シロの分が余るのである。その余りを活用できれば、趣味に費やす時間が作れるはずだ。

四〇代になって、趣味を始めるというのは、どういうことなのか。それは、人生の残り時間をカウントダウンして、自分のライフスタイルやスケジュールをもういちど整理するということに他ならない。

多くの人は、「定年になったら」趣味を持とうと考えるのだろう。しかし、定年になってからでは、スケジュールの整理も必要ない。いきなり一日のうち九時から五時までがすっぽり抜けて、真っ白なところをどう埋めようかと途方に暮れてしまう。定年になってから、一週間に一回、趣味の教室に通っても「では、他の時間は何をすればいいのか」ということになる。

だったら、現在、九時から五時まで仕事をしている上に、趣味の時間を乗せてしまえばいい。今から始めておけば、もっとこういうことを深めよう学ぼうという可能性や選択肢が増えていく。そうすれば、仕事を辞めてから、時間をもて余して、残された人生を無為に過ごすというようなことも少なくなるだろう。

余っているノリシロの時間を無駄にする手はない。

無駄な時間を捨てる勇気を持とう

僕は二〇代の頃から、何もしていない時間がもったいないといつも思っていた。何度も述べたように、僕は趣味が仕事になった。だから、ぼんやりと、とりとめもなくいろいろな仕事のアイデアを考えているのは、何もしていない時間ではない。つまり、何もしていない時間がもったいないというのは、単純に無駄な時間がもったいないということ。意味のない時間を、だらだらと過ごすのが嫌だったのだ。

だから、「趣味を始めようにも、そんな時間の余裕はない」という人は、「自分にとって、無駄な時間は何か」を見直してみたらいいと思う。

僕が放送作家の仕事をしながら、作詞を始めたときもそうだった。

当時は仕事が終わると、毎晩のようにみんなで飲みに行っていた。二〇代の前半で、テレビやラジオの台本を書いて、それなりにお金ももらえるし楽しかった。

しかし、ある頃から、みなで飲んでいるこの時間は、自分にとって何なのかという疑問が生じてきたのである。

たしかに飲んでいるときは、退屈なわけではない。だけど、そこで話していることは、スパイラルのように回っているだけで、意味のあることではない。もともと、お酒が好きなわけでもない。だったら、飲みに行くのをやめよう。そう決めて、ぽっかり空いた三時間を使って、作詞を始めたのだった。

そのとき、作詞は誰に頼まれたわけでもない。誰かに見せるアテがあるわけでもない。要するに、仕事とは別の、いわば趣味のようなものだった。結果、人の目にとまって、作詞も仕事になったのだが、はじめは単なる趣味だった。

あの頃を思い起こすと、飲みに行くのをやめて、時間ができたことがまず嬉しかった。三時間もある。さあ、この時間をどう使おうかと考えるとワクワクしたものだ。

飲みに行くのをやめると、仕事の人間関係や情報収集を捨てることになるのではないかということはまったく気にならなかった。

なぜなら、人間関係で仕事はできないというのが、僕の出した結論だからである。

つまり、人間関係でできる仕事は、もっと強い人間関係に敗れる。仮にある人と仲良くなって、「この仕事は秋元とやりたい」と言ってくれたとする。しかし、それはしょせん僕がその人との人間関係でできた仕事だから、僕より仲のいい人が出てきたら、そっちの人に仕事がいくのである。

仕事というのは、真剣勝負なのだ。結局はいいものを作り、いいものを書けば勝つことができる。飲みに行ってあくせく人間関係をつながなくても、いいものを作り、いいものを書けば、必ずや誰かが見てくれているのである。

これは、どんな仕事にも当てはまるのではないだろうか。お酒の席での人間関係や情報収集は、必ずしも仕事に必要だとは限らない。

この時間は、自分にとって意味はないと判断したら、捨てる勇気がほしい。

楽しくない時間を楽しいと錯覚していないか

自分が趣味を持ってみて、時間の使い方というのは大事だとあらためて感じている。

この世のすべての人が、一日は二四時間しかない。どんな金持ちも、どんな貧乏人も、どんな権力者も同じなのである。

大企業の社長だからといって三〇時間あるわけではないし、失業者だから二〇時間しかないというわけではない。毎日孤独をかみしめながら二四時間を鬱々《うつうつ》と過ごしている大富豪よりも、ああ楽しいと実感できる瞬間を二四時間のうちにたくさん見つけられる日々を送っている貧乏人のほうが、幸せに決まっているのだ。

だから、いかに楽しい時間を作るかということが、どれだけ自分の人生を充実させることができるかにかかわってくるといっても過言ではないだろう。

僕にとって、お酒を飲む時間は、必ずしも楽しい時間ではない。

いや、みなで盛りあがって飲むのは、楽しいこともある。気の置けない仲間や、話をしていて面白い友人と飲むのは、大切な時間だ。しかし、ワイワイしゃべって騒いでいるうちに、僕の中でもうひとりの自分が、「ボクは流されているな」と気づいているのだ。

たぶん、人間というのは、気をつけていないと、いつの間にか時間の感覚が麻痺していくのである。一日は二四時間しかないのに、楽しくもない時間を楽しいように錯覚している。

人間は順応性があるから、流されていく時間に適応してしまうのだ。

たとえば、毎週ゴルフに行く人は、それが自分の趣味だと思っている。

しかし、それは息抜きとか、ストレス解消と理由づけて、楽しいような錯覚に陥っているだけなのかもしれない。その人が何かのきっかけで書道を始めたら、「ゴルフをやっていた時間、書道をやっていたら、もっと楽しかったのに」ということだってありうるだろう。

何度もいうが、一日は二四時間しかないのである。

楽しいと思える瞬間が一日に二時間ある人が、七〇歳まで生きたとする。かたや楽しいと思える瞬間が一日に四時間ある人が、六〇歳まで生きたとする。これは、間違いなく、前者の人より後者の人のほうが、幸せな人生なのだ。

楽しい時間を一日二時間にするも、四時間にするも自分しだい。すべての人間は、地位も肩書も経済力も関係なく、等しく二四時間を与えられているのだから。

月八万かかる趣味を高いと思うか

趣味というのは、大げさにいうと、その人の価値観が問われるものである。「自分の趣味はこれこれです」というのは、「自分はこういう価値観を有する人間です」と表明するようなものでもある。

たとえば、「切手集めが趣味です」という人がいる。あるいは、「ヨットに乗るのが趣味です」という人もいる。人はそれを聞いて、「この人はこういう価値観の持ち主なのだろうな」と判断する。「趣味は人をあらわす」のである。

趣味を選ぶとき、自分は何に価値を置くか。お金のかかる趣味もあれば、かからない趣味もある。趣味にどれくらいお金をかけるかでも、その人の価値観は見えるだろう。

聞いた話だが、一回一万五〇〇〇円の陶芸教室に毎週通っているサラリーマンがいるという。月にして約六万円。材料費も入れると、八万円くらいになる。普通のサラリーマンだったら、決して安くはない。しかし、それを高いと思うか、自分の好きなことをやるためには必要なお金だと判断するか、なのである。

僕の考えとしては、趣味のためにお金をかけるという価値観があってもいい。言い換えるなら、自分はこういうことをやりたいという趣味があって、もしもお金がかかるなら、その分働くという発想があってもいいと思うのだ。

僕自身、若い頃からそういう考え方をしてきた。

大学生の頃、僕は友達に「みんなでハワイに行こうよ」と誘ったことがある。しかし、みな「ハワイは高いから、サイパンにしようよ」という。当時の僕は学生でありながら、すでに放送作家の仕事をしていたから、ハワイに行くお金はあった。友達はまだ学生だから、お金はない。けれども、逆の立場でも、僕だったらアルバイトをしてでも、ハワイに行っていただろうと思うのだ。

つまり、自分のやりたいことがあったら、そのための努力は惜しまない。別に贅沢がしたいわけではない。お金がないから、自分のやりたいことができないのは嫌なのである。お金がないなら、みなが寝ているときに働くという発想を僕はしたい。

趣味にしても、あるサラリーマンはワインに興味があるとする。年代ものの、いいワインを集めたいし、飲みたい。そのとき、給料が安いから諦めて、しようがないから読書を趣味にしています、というのはつまらない。僕なら、土日にアルバイトをやって、自分のやりたい趣味をまっとうするだろう。

仕事を定年になって、退職金をもらって、お金も貯まりました。さあ、このお金で何をしましょう、という人は多い。

けれども、それは順序が逆で、自分のやりたいことがまずありき、であるべきだ。お金がこれだけあるから、またはこれしかないから、こういう趣味をやろうというのでは、精神がお金に縛られてしまう。

僕の価値観としては、定年後のためにお金を貯めるより、今、やりたいことにお金を使いたい。そのほうが、中身の濃い人生を送れるはずだ。

自己満足の連続が幸せになる

今、四〇代の人は、人生、半分生きてきたなと感じていることだろう。四〇代後半にもなれば、そろそろ高齢者になった自分を想像しはじめるだろう。

誰もがそこで、残りの人生が幸せなものでありたいと願っていると思う。

現在の暮らしに、とりあえず満足している人はおそらく多い。不況が続く中、仕事に不安がないわけではないが、何とか生活していける。家族もいて、健康である。この幸せを維持して、年をとっていければいいという人がほとんどだろう。

ただし、人生の鉄則としていえるのは、幸せはキープできないということである。

幸せというのは、あくまでも自己満足の瞬間の連続なのだ。本を読んで面白かったとか、友達と会って楽しかったとか、子どもと遊んで可愛かったとか、仕事がうまくいって嬉しかったとか、そういった瞬間が続けば続くほど、人は幸せを体感する。自分が満足できる瞬間が連続しているときに、自分は幸せだと思う。

しかし、それらの瞬間を永遠にキープすることはできない。たとえば、結婚式の日、幸せな新郎新婦がいる。けれども、その幸せな日はキープできないから、明日からまた新たな幸せを築いていかなければならない。

だから、今そこそこに幸せだという人でも、自己満足の瞬間をどれだけ自分で作れるか、ということなのである。

仕事があって、家族もいる。たしかに今は幸せだろう。しかし、いつか仕事をリタイアする日はやってくるし、子どもはいずれ巣立っていく。今ここにあるささやかな幸せは、未来永劫続くわけではない。

ならば、どうやって自分が満足できる瞬間をたくさん見つけていけばいいかというときに、趣味がある。趣味というのは、自己満足を作りやすいのだ。陶芸でいえば、作品ができあがるたびに、ささやかな自己満足を得ることができる。

仕事は大きな満足を得ることがあるかわりに、我慢を強いられることもある。会社員であれ、自営業であれ、公務員であれ、「仕事はすごく楽しくて、やりがいがあります」と言いきれる人は、そうたくさんはいないはずだ。だからこそ、趣味で「自分の本当にやりたいことをやろう」と僕はすすめたいのである。

人生、自分がやりたいことがあるのは幸せなことだ。ところが、人は大人になるにつれ、自分が本気でやりたいことがわからなくなってくる。それではと、自分がやりたいことを見つけようとしても、なかなか見つからない。さらに、これだと思ってやりたいことをやっていても、満足を得ることができないのだ。

つまり、自分のやりたいことをやって、そこに自己満足を得るのはなかなか難しい。しかも、その幸せはキープできないし、与えられるものでもない。

だから、自己満足できる瞬間をできるだけたくさん、自分で人生の中に作っていきたい。それを可能にするのが趣味なのである。

「余生」？　生が余るなんてことはありえない

僕はいくつになっても、可能性はまだある、と信じていたい。みなは笑うけれど、僕には六〇歳になったら、陶芸家になっているかもしれないという夢がある。六〇歳になっても、七〇歳になっても、可能性を閉ざしたくはないのだ。

人は年をとると、自分の可能性を自分で決めてしまう。つまり、定年になって、年齢を重ねていくと、自分で人生を終結させてしまう。

もうこの年になったら、新しいことはできない。今さら何かを始めようとしても無理だ。そういう諦観のもとに、余生をのんびりと過ごそうと考えるのだ。

しかし、余生とはいったい何なのかと、僕は思う。

僕の親父は、六三歳で逝った。親父は会社員だったのだが、六〇歳になったとき、僕は引退をすすめた。もう充分働いたのだから、余生を楽しみなさいというつもりだった。

しかし、今にして思うと、余生などというのは、余計なお世話だったのだ。

余生とは、余りの生と書く。だが、余りの人生、余りの生命などというものがあるのか。息子といえども、第三者が勝手に、あなたの生は余っているなどと決めつけることはできない。生が余るなど、ありえないのである。

人間は体が動かなくなるまで、もっといえば息を引きとる瞬間まで、余りなどというものはないのだ。

僕の親父にしても、引退したからといって、人生が余っていたわけではない。入院した親父に、僕はガンだと知らせなかった。自分はまだまだ生きられると信じていたから、手帳には死んだ一カ月後、二カ月後まで予定がびっしり入っていた。

すべての人は、死ぬまで可能性があるのだ。

だとしたら、五〇歳になっても、六〇歳になっても、そこから可能性を見出して、新しいことを始められる自分でありたい。七〇歳になって出会った趣味があったなら、自分にはこんな才能があったのかと、可能性を夢見る人生でありたい。

僕は最期の瞬間まで、仕事でもいい、趣味でもいい、何かをしていたいと思っている。年をとって、ボクの人生ももはやこれまでだとは考えたくはない。来年も、さ来年も、五年後も生きていると信じて、何歳になっても新しいことをやっていたいのである。

僕だけでなく、誰でも余生などというものはない。ましてや、四〇代で可能性を狭めてはいけない。人生これから、なのだ。

一生をかけて一生モノの趣味を探す

自分が趣味を始めてみると、趣味は人生にかかわってくるものだと強く感じている。趣味がなくても、人は生きていける。しかし、趣味があったほうが、生活は格段に楽しいものになる。趣味すなわち自分のやりたいことがあるかないかで、後半生が充実できるかどうかが決定づけられるといってもいいだろう。

人間は生まれてから、さまざまな人生の局面で、取捨選択をしながら生きている。仕事にしても、住む家にしても、乗る車にしても、結婚相手にしても、自分にとってどういうものを選べば幸せで楽しいか、あるいはどういうものは必要ないか、ふるいにかけているのである。

そういう意味では、趣味にしても、ふるいにかけながら一生をかけて一生モノの趣味を探していけばいいのではないだろうか。

大事なことは、いろいろな趣味を試してみて、人生の最期に好きなものが残るかどうか。心から楽しめる趣味に、死の瞬間までに出会えるかどうか。夢中になれる趣味があって、これは楽しいと感じながら、死を迎えられれば最高である。

趣味探しというのは、無数の飴の入った缶の中から、自分にとっていちばんおいしい飴を見つけるようなものなのかもしれない。

陶芸の味の飴もあれば、ゴルフの味の飴も、囲碁の味の飴も、書道の味の飴も、三味線の味の飴もある。その中から、最期に「これこそが探していた、いちばんうまい飴だ」というのを舐めながら死ぬことができたら、これ以上の幸せはない。

だから、自分の舐めている飴は、本当においしいかどうか、見直すことも必要ではないかと思うのである。

僕も三〇代の頃、人から「おいしいよ」といわれて、ゴルフの飴を舐めていた時期があった。週に何回も打ちっぱなしに行って、会員権を買ったりもした。しかし、しばらくすると「この飴は違うな」と思った。人から「ゴルフはすごく面白いよ」といわれて、自分でも面白いような気になっていただけだったのだ。

僕はゴルフをやっていた二年がもったいなかったと、ちょっと後悔している。なぜなら、趣味という缶の中には、数えきれないほどの飴があるのだから。あまり楽しくないと感じたときに、別の飴を舐めればよかったのである。

もしも、僕のように「どうも面白くないな」と思いながら続けている趣味を持っているなら、次の飴を試してみたほうがいい。もちろん、今舐めている飴が「最高においしい！」と思うなら、死ぬまで舐めていてもいい。

つまりは、自分でおいしいかまずいか味がわからないまま、いろいろな飴を舐めたあげく、人生を終えるということのないようにしたいのである。

僕は今、陶芸を楽しんでやっている。

けれども、年をとって死ぬ直前に、他の趣味に出会うかもしれない。そのときに「これだったのか！」と思うことができたら、それもまた幸せな最期といえるだろう。こんなに面白いことを習っている自分に満足しながら死んでいく。それができたら、僕の人生は充実していたと心から納得できるのではないだろうか。

僕は人生の最期が、楽しく幸せなものでありたい。

年をとった人はよく、「いい人生だったな。いつ死んでもいい」という。だが、「いい人生だった」ということは、まだ命はあるのに、過去のために生きているようなもの。僕は七〇歳になっても八〇歳になっても、「まだやりたいことがある」と思っていたい。どんな境遇であれ、死の間際まで「まだこれがやりたい」と思いながら、今がいちばん楽しいという状態で最期を迎えたいのである。

最近、僕は部屋の灯かりをつけたまま、パタンと寝てしまう。意識のどこかで、寝るギリギリまで何かをしていたいのかもしれない。人生も、灯かりをこうこうとつけたまま、眠るように終わりたいと願っている。

だからこそ、いつでも今このとき、この瞬間を大切にして生きていきたい。

本書はインタビューをもとに構成、編集したものです。

秋元 康
(あきもと・やすし)

作詞家。一九五六年東京都生まれ。高校在学中より、放送作家として仕事を始める。作詞家として、美空ひばり「川の流れのように」、藤谷美和子「愛が生まれた日」など、ヒット作を多く世に送り出す。また、九一年「グッバイ・ママ」(松坂慶子主演)で映画監督としてもデビュー。著書に、『世の中にこんな旨いものがあったのか?』(扶桑社)、『ぞうネコ』(絵・秋元麻巳子/小学館文庫)他多数。

生活人新書 064

趣味力

二〇〇三(平成十五)年四月十日 第一刷発行

著　者　秋元 康

発行者　松尾 武

発行所　日本放送出版協会

〒一五〇―八〇八一 東京都渋谷区宇田川町四一―一

電　話　(〇三)三七八〇―三三二八(編集)

(〇三)三七八〇―三三三九(販売)

http://www.nhk-book.co.jp

振　替　〇〇一一〇―一―四九七〇一

装　幀　山崎信成

印　刷　啓文堂・近代美術　製　本　笠原製本

ISBN4-14-088064-3 C0295

Printed in Japan

楽しく読める。役に立つ。――生活人新書　好評発売中！

001 **蕎麦屋のしきたり**●藤村和夫
蕎麦屋で酒を呑む。しかも蕎麦通の流儀で。男ならやがては憧れる蕎麦屋での粋な呑み方を豊富なウンチクとともにすべて伝授。

002 **6番アイアンの教え**●坂田信弘
ジュニアの英才教育に心血を注ぐ坂田信弘プロ。「ゴルフの常識」を打ち破る、最新の「坂田理論」が世界レベルに挑戦する。

003 **ビジネスマンのための「個性」育成術**●黒木靖夫
「ウォークマン」の仕掛け人が語るSONY流発想法の数々。21世紀、人も企業も商品も、力なき個性は生き残れない！

004 **それでもやり直したい二人のためのマニュアル**●岡野あつこ
離婚ブームのなか、なんとか踏みとどまって関係を修復したいと願う二人のための実践的指南書。「夫婦の危機度」チェックシート付。

005 〈ライフスタイル別〉**家計の方程式**●畠中雅子
我が家の家計を自己診断。メリハリのある予算立てをすることで、無理な節約なしに「ゆとり」を生み出す新しい家計管理術。

006 **グランマの本棚から　親と子の100冊**●山崎慶子
人生を切り拓く力は、こども時代の読書で決まる。図書館に携わって半世紀のおばあちゃん先生が説く、読み聞かせの効用と実践法。

007 **脱・「英語人間」**●遠山　顕
NHKラジオ「英会話入門」で人気を博した講師が、英会話の常識を打ち破る。今度こそ挫折しない、ユーモアたっぷりの7つのヒント。

008 **手話あいうえお**●丸山浩路
泣いて、笑って速習マスター！〝手話の達人〟が語る、あなたの「心」をきちんと伝えるための46のキーワード・46のエッセイ。

009 **ダ・ヴィンチ博士、海にもぐる**●布施英利
運動が苦手な理科系博士が、中年になってダイビングに挑戦！　海の中で見つける、生命の秘密、胎児の記憶…。

010 **地上星座学への招待**●畑山　博
地上に広がる湖沼群と天の星座の不可思議な相似。空から星が降りそそいだのか、地上の湖が天に昇ったのか。作家の謎解きが始まる。

011 **昭和下町人情ばなし**●林家木久蔵
父自慢の厚焼き玉子、闇市の帰りに吸った生卵、正蔵師匠の牛スジ鍋など…「笑点」の名物男が語る、昭和の食べものと下町の人情。

012 反常識の対人心理学●相川 充
言い訳はしないよりしたほうがよい。嫉妬は二人の関係の警報器。…今までの「常識」をズバリくつがえし、人間関係をラクにする心理学。

013 誰がこの国の英語をダメにしたか●澤井繁男
英会話花盛り。しかし一方で、英語の学習能力は低下するばかりである。中学、高校、大学の英語教育の欠陥を予備校講師が告発する。

014 正義への執念●土本武司
犯罪の多発と悪質化に歯止めをかける道はあるのか。庶民の命と安全を守る司法のあり方とは何か。検事30年、司法の鬼の直言。

015 宮内庁御用達●鮫島 敦／松葉 仁
宮内庁御用達の商品にまつわる、ロングセラーの秘密。作り手側の裏話を追いかける中で明らかになる、良品の条件、皇室のお暮らし。

016 日本・食の歴史地図●吉川誠次／大堀恭良
日本各地に代々伝わる食べものには、古来の生活の知識が凝縮されている。10年以上にわたる取材で見えてきた、日本人の味覚の原点。

017 ひきこもる小さな哲学者たちへ●小柳晴生
大人の生き方こそ変えるべきではないか。豊かさの困難の中で、心の力と感性を求めて苦闘する子ども・若者たちからのメッセージ。

018 正司歌江の地獄極楽かみひとえ●正司歌江
芸道70年。絶頂期から奈落の底への転落、仲間の裏切り、仕事の枯渇、そして身内の事故。筆者はこの世で地獄も極楽も覗いてきた。

019 心に効くクラシック●富田 隆／山本一太
「力と自信を取り戻したいとき」「ともに悲しんでくれる人がいないとき」…。あなたの心を支えてくれる60の名曲を処方します。

020 PMSを知っていますか●相良洋子
なんとなく体がむくむ、イライラするなどの悩みを持つ女性たちへ。月経サイクルに合わせたセルフケアで毎日を軽やかにする情報満載。

021 園芸の極意●江尻光一
植物を育てるとは、植物と語り合う深い心と眼を持つこと。技術を駆使して植物の外形を飾り立てる手先の園芸からの脱皮を熱く語る。

022 「課長」の作法●山田敏世
職場や取引先で常に厳しい視線にさらされている「課長」。ビジネス社会を生き抜くために、ぜひ身につけたい基本の作法を伝授する。

023 おやじの世直し●嶋中 労
主婦にかわって家庭を守る主夫は、この世の不条理を知った。女房に、若者に、教師に、地域に、そして社会に発する男の闘争宣言。

024 ブラック・ジャックになりたくて 形成外科医26の物語●岩平佳子
「ブラック・ジャック」に憧れる気鋭の形成外科医が、医療をとりまく人間ドラマを描く。爽やかな感動が心に残る涙と笑いのエッセイ。

025 議論のレッスン●福澤一吉
カッとなって怒鳴る前に、スマートな議論のルールを身に付けませんか？ 今日から新聞やテレビの見方が変わる論理的思考レッスン。

026 **海釣りの悦楽**●盛川 宏
ひたすら海に通い、漁師に学んだ釣りの楽しみと作法、魚味天国の幸せを、モリさんが伝授。釣師たちの悪戦苦闘と悦楽を活写する。

027 **灘中の数学学習法**●庄 義和／幸田芳則
学力の低下が叫ばれるなか、いぜん最高度の数学を教えつづけている灘中学校。詰め込み式ではない、日本一の数学学習法を初公開。

028 **実戦 小説の作法**●佐藤洋二郎
作家デビューの夢を現実のものとするためには何が必要か。句読点の打ち方から投稿の仕方まで、実戦的なノウハウを指南する。

029 **PTA改造講座**●小田桐誠
いじめ、非行、ひきこもり、学力低下など、PTAが解決を迫られている課題は重い。1200万会員を擁するPTAの改革試論。

030 **国連のナゾQ&A**●中見利男
世界平和の象徴か、それとも大国の道具か。職員の給料から紛争解決の舞台裏まで、Q&A方式で迫る国連のナゾ・なぞ・謎。

031 **訪ねてみたい 日本・かおり風景100選**
●環境省「かおり風景100選選定委員会」事務局 監修
自然の風土や伝統の街並みなど、独特の匂いや香りをたたえた全国100か所の名所を環境省が選定。五感で味わう旅の魅力を紹介する。

032 **至福のナポリピッツァ**●渡辺陽一
ピッツァ発祥の地・ナポリの伝統的ピッツァ作りには、厳格な決まりがある。本邦初、誰も教えてくれなかったピッツァのすべて！

033 **私の臓器はだれのものですか**●生駒孝彰
脳死患者からの臓器移植は、宗教的立場からみて赦されるのか。アメリカのキリスト教や日本の仏教各宗派の見解を比較・検討する。

034 **歌舞伎修業 片岡愛之助の青春**●松島まり乃
上方のホープ片岡愛之助の半生を通して描く異色の歌舞伎入門書！鑑賞のポイントなど、もっと歌舞伎が面白くなるミニ知識も満載。

035 **明るい内職**●内職ワーク研究会
いま内職が面白い。自分のペースを守りながら家計を助け、社会参加もできる内職の魅力とノウハウを、さまざまな事例を通して紹介。

036 **ゲーム脳の恐怖**●森 昭雄
テレビゲームが、子どもたちの脳を壊し、人間性を損なう！ 脳波データの解析で、その恐ろしさが明らかに。脳神経科学者からの警告。

037 **自分流儀の海外旅行術**●高木暢夫
「お仕着せの海外旅行はもう沢山」「もっと自分らしい旅がしたい」という人に。旅のカリスマが教える、クセになりそうな新しい旅のかたち。

038 **癒しの溶岩園芸**●佐藤俊明
溶岩を大地にみたて植物を植え付ければ、自然が凝縮されたスモールガーデンが生まれます。「小さな緑」を楽しむための実践ガイド。

039 **なるほど、ヒトの顔は面白い**●由富章子
普段は意識せずに使っている目、鼻、耳、口の仕組みや病気についてやさしく解説。知れば知るほど、顔ってスゴイ！

040 万葉にみる男の裏切り・女の嫉妬●上野　誠
のどかで雅の世界と見える万葉の時代。人々の喜怒哀楽、男と女の心理とはどうであったか。遺された万葉歌を手がかりに楽しく探る。

041「お坊さん」の日本史●松尾剛次
葬式仏教と揶揄され、戒律破りと非難される日本の仏教界。その歴史をたどりつつ、日本仏教の考え方やお坊さんの役割を検証する。

042 狙われる日本人
これが海外犯罪の手口だ●戸田智弘
海外の犯罪者たちにとって、日本人は格好の標的。日本人の国民性につけ込んだ犯罪の手口を解き明かし、対応策を提言する。

043「中国」の練習●中村達雄
中国を訪れた日本人がぶつかる壁とは何か。さまざまな事例から「中国式発想法」を読み解き、隣人、隣国への理解を深める。

044 ストレス社会の快適睡眠●斎藤恒博
ストレス社会を乗り切るには快適睡眠は欠かせない。睡眠時無呼吸症候群の専門医が語る、快適睡眠の処方箋と眠りのウンチク学。

045 都会のお葬式●此経啓助
故人の遺志、親族の意向、社会のしきたり、葬儀社のすすめ等、複雑な環境のなかで執行される都会型お葬式のあるべき姿を提言する。

046 瀬戸内寂聴の人生相談●瀬戸内寂聴
諦めきれない恋、不倫のもつれ、嫁姑の不和、親しい人との別れ……だれもが一人で抱え込みがちな悩みの数々に、人生の達人がこたえる。

047「コメント力」を鍛える●有田芳生
言葉が多くても少なくても、思いは正確には伝わらないもの。相手に自分の気持ちをきちんと伝えるための実戦的ノウハウを指南する。

048 遠山 顕のクロスワードの謎●遠山　顕
起源はいつ？ 名前の由来は？ クロスワード・パズル誕生の謎に、あの遠山先生が迫る。想像以上にディープな英語の世界を堪能する。

049 非行少年と弁護士たちの挑戦
●福岡県弁護士会子どもの権利委員会
身柄を拘束された850人の少年少女たち。彼らは、立ち直りに向けて、自分と周囲にどう向き合ったか。「付添人」弁護士たちのドキュメント。

050 イタリアンばなな
●アレッサンドロ・G・ジェレヴィーニ＋よしもとばなな
「家族」「食」「身体」をキーワードに、翻訳という異文化を通してよしもとばななの世界を旅する。語りおろし対談とエッセイも収載。

051「よそさん」にも教えたい京都のお作法●市田ひろみ
周囲の人にはよく理解できない京都人独特の振る舞い。長い歴史の中で身につけた独自の作法を通して、現代に生きるヒントを提言する。

052 ギャンブル依存症●田辺　等
遊びのはずのギャンブルがやがて深みに。借金、友人との摩擦、家庭の崩壊など依存症の悲惨を解き明かし、心身回復の治療法を探る。

053 東京七福神めぐり●東京街歩き委員会
江戸庶民に流行した七福神めぐりは、今も魅力が一杯。老舗や名店で食事や買物を楽しみながらご利益も得られる、欲張りな旅案内。